Les Guerriers de l'ombre

Du même auteur

Essais

1061 Compagnons. Histoire des Compagnons de la Libération, Perrin, 2000.

La Campagne d'Italie. Les victoires oubliées de la France, Perrin, 2002.

Les Vaincus seront les vainqueurs. La France en Allemagne, Perrin, 2004.

Leclerc, Perrin, 2005.

Foch, Perrin, 2008.

Le Général Saint-Hillier. De Bir Hakeim au putsch d'Alger, Perrin, 2009.

La Guerre de l'ombre des Français en Afghanistan, Fayard, 2011.

La Vérité sur notre guerre en Libye, Fayard, 2012.

Le Crocodile et le Scorpion. La France et la Côte d'Ivoire, Éditions du Rocher, 2013.

La Guerre de la France au Mali, Tallandier, 2014.

Leclerc. Le croisé de la France libre, Perrin, 2015.

Maréchal Juin, Tallandier, 2015.

Romans

Otage@bagdad, Privé, 2007.

Nom de code : la Murène, Seuil, 2008.

Jean-Christophe Notin

Les Guerriers de l'ombre

TALLANDIER

2, rue Rotrou – 75006 Paris
www.tallandier.com

Sommaire

Portrait A13

Pourquoi ont-ils accepté de parler ? Telle est la question qui m'est immanquablement posée depuis qu'a été révélée, après deux années d'enthousiasmes, de résignations, d'impatiences, et enfin d'accomplissement, la diffusion par Canal + du documentaire à treize voix sur la DGSE, *Les Guerriers de l'ombre*.

D'aucuns avanceront l'attrait de la lumière pour ceux que leur entrée dans la carrière avait normalement condamnés à l'obscurité comme les trappistes au silence. Ce dessein serait après tout légitime chez ces douze hommes et cette femme qui, ayant donné une partie de leur vie à la défense des intérêts de la France, souhaiteraient que notre histoire en conserve une trace. Mais, en l'occurrence, il est inapproprié. Les treize ont témoigné de manière totalement anonyme : pas de mention de leur nom, aucun trait de visage distinguable, et leur voix a été modifiée pour la plupart. Au mieux, ce ne sont que quelques proches qui les reconnaîtront, et encore ces derniers savent-ils sans doute déjà leur passage à la DGSE. Alors, pour la gloire, il faudra repasser…

Quelles furent donc leurs motivations ? Puisqu'ils s'expriment pour la première fois, je préfère les laisser eux-mêmes en faire état. Toutefois, ils ne m'en voudront pas d'en mettre une d'ores et déjà en avant, la volonté de mieux faire connaître leur métier, de le nettoyer des éternels clichés qu'il traîne comme autant de boulets.

Il y a dix-sept ans, j'écrivais en première ligne de mon tout premier ouvrage : « À l'aube du troisième millénaire, parler de guerre est indécent. » Depuis, la « guerre » est partout, jusque dans le titre de ce documentaire[1]… Le contexte actuel est particulièrement propice aux fantasmes avec cette improbable « guerre au terrorisme » déclarée par les autorités françaises. Une « guerre » qui n'a rien à voir avec les précédentes, où l'« ennemi » est peut-être identifiable sur le plan théorique, mais très difficilement localisable sur le terrain. En découle un flou sur les opérations menées par la France au Levant et au Sahel que certains auteurs et journalistes patentés entreprennent de dissiper à leur manière, en décrivant en particulier la DGSE telle une usine à « assassinats ciblés », éliminant les uns après les autres, dans un secret qu'eux seuls, bien sûr, sont capables de briser, les leaders de l'État islamique ou d'Al-Qaïda au Maghreb islamique…

Cette peinture-là de l'activité de la DGSE est d'une puissance redoutable. Quiconque se prend d'idée de la corriger est condamné à prêcher dans le désert, car elle fait appel à l'arme absolue de l'imaginaire collectif. Quoi ? un « agent secret », ça tue forcément, non ? Sinon, pourquoi serait-il « secret »… ?

1. La démocratie s'immisce partout, même dans le choix d'un titre…

Il en allait de même au temps de la guerre froide où il n'était question que d'« espions ». De Moscou à Paris en passant par Kinshasa et Brasilia, tout membre de ce qui s'appelait alors le SDECE[1] passait nécessairement sa vie à traquer des agents de l'Est. Celui qui se serait alors aventuré à avancer que le « service », comme il est de coutume de l'appeler, lorgnait presque autant, sinon plus, sur les visées américaines serait passé pour un ignare ou un insolent. Et pourtant…

Au fond, la confusion autour des missions de la DGSE plonge une partie de ses racines dans un autre abus de langage. Là où, à Londres comme à Washington, on parle de renseignement – ou, en anglais, d'« Intelligence[2] » –, l'usage à Paris est de gloser sur les « services secrets ». Faut-il s'en étonner, dans un pays si prompt à décapiter son monarque, mais si soucieux aussi d'en préserver, et même d'en amplifier, avec un zèle assumé, la pratique du pouvoir ? Le terme « service secret » se place en effet dans l'héritage direct du « Secret du roi », ancêtre de la DGSE sous Louis XV qui lui-même avait rationalisé les menées du père Joseph aux côtés de Richelieu.

Il est certes hardi de vouloir décrire en quelques mots la finalité des six mille fonctionnaires qui œuvrent entre la caserne Mortier du XXe arrondissement de Paris, le fort de Noisy, la base des nageurs de combat de Quélern, les camps de Cercottes et de Perpignan, ainsi que dans des dizaines d'implantations, postes en ambassade et autres stations de transmission dans le monde. Néanmoins,

1. Service de documentation extérieure et de contre-espionnage. La DGSE lui a succédé en 1982.

2. CIA : *Central Intelligence Agency* ; MI6 : *Military Intelligence.*

l'acception « service de renseignement » est sans doute celle qui permet au mieux d'en approcher l'essentiel. Les rois d'antan seraient évidemment ébahis devant l'extraordinaire richesse des sources d'information qui pourrait parfois autoriser de simples hauts fonctionnaires actuels à leur disputer ce don d'omniscience que leur réservait autrefois le statut de droit divin. C'est sous l'ère du comte de Marenches, qui, faute d'enfant, lui a légué ses lettres de noblesse, que la DGSE a commencé à rattraper son retard indigne en matière de technologie de pointe. Même si elle ne sera sans doute jamais la NSA américaine, ni même le GCHQ britannique, elle dispose désormais dans ses soutes d'une machinerie très compétitive[1]. Ainsi, plus des trois quarts des informations qu'elle transmet aux armées françaises pour endiguer le fléau djihadiste dans la bande sahélienne sont issues du renseignement dit technique.

Devant semblable constat, l'idée a fait son chemin, comme chez les Américains dès le milieu des années 1970, que les services pourraient se dispenser d'aligner sur le terrain autant de leurs agents qu'auparavant. Pourquoi prendre le risque d'engager des concitoyens dans tel guêpier infâme qu'un satellite peut paisiblement surveiller à des milliers de kilomètres ? Par leur mélange diabolique de simplicité dans l'exécution et de ruses dans la préparation, les attentats du 11 septembre 2001 ont toutefois conforté ceux qui, contre vents et marées, persistaient à plaider que la technique ne pourrait jamais se

1. À tel point que l'autonomisation de sa direction technique est réclamée en particulier par d'autres services de renseignement français qui sont obligés d'utiliser ses moyens pour leurs propres études.

substituer entièrement à l'homme. Et les seize années qui se sont ensuivies n'ont fait que consolider leur position : Abou Bakr al-Baghdadi quelque part en Syrie, Mokhtar Belmokhtar et Iyad Ag Ghali entre la Libye, l'Algérie, le Mali et le Niger ont depuis longtemps remisé les téléphones satellitaires et fait leurs les mêmes techniques de dissimulation que celles qui sont enseignées à la « Ferme » de la CIA ou dans le camp ultrasecret de Cercottes.

La destruction du Pentagone et du World Trade Center ne doit pas non plus conduire à abonder la thèse abusivement propagée d'une technologie tellement prodigue que l'homme serait incapable d'en tamiser les pépites. Tous les chefs de services de renseignement dans le monde vivent dans l'appréhension d'être accusés de ne pas avoir su empêcher un attentat dont les auteurs figuraient dans les mémoires de leurs ordinateurs, qui à cause d'un email douteux, qui pour avoir été arrêté avec de faux papiers. Le problème n'est pas l'abondance des capteurs techniques, mais leur orientation. Le pêcheur qui prend la mer sans avoir réfléchi à sa route, et avec un filet à trop petites mailles, prend le risque de revenir, soit bredouille, soit avec des espèces de poissons dont il ne voulait pas…

L'homme a donc encore toute sa place, la première, dans un dispositif de renseignement. Et c'est avant tout de cela que les treize intervenants[1] de ce documentaire témoignent. Ils ont entre 40 et 70 ans. Civils ou militaires, ils ont quitté le service il y a quelques semaines ou plusieurs années. Tous ont une longue expérience du terrain, certains au Service action, d'autres en poste à l'étranger, et pour la plupart, au sein de ce qu'ils ont

1. Voir la liste, p. 17.

rebaptisé, au fil de la quarantaine d'heures d'entretien, le « Service clandestin ». Là se situe l'une des limites de leur démarche. Cette unité en effet ne figure toujours sur aucun organigramme de la DGSE[1].

Pour autant, ce livre n'est pas l'histoire de ce dit « Service clandestin » bien que – et puisque l'heure est aux confidences – j'avoue que je serais très heureux de m'y atteler. Ses agents en effet ont arpenté quasiment toutes les zones de crise des vingt-huit dernières années, rapportant une autre lecture du fonctionnement de notre planète. Leur récit serait le négatif d'un film que nous croyons tous avoir compris.

Le temps viendra de le publier sans compromettre les enjeux d'aujourd'hui. D'ici là, l'Afghanistan servira de principale illustration à nos treize récits. Parce qu'il a vu se succéder à la tâche des dizaines d'officiers, ce conflit qui n'en finit plus se prête au mieux à la description des agissements de la DGSE dans l'ombre du monde. L'invasion soviétique en décembre 1979 l'a contrainte à investir une région qui ne lui était pas familière. Ses moyens limités, en comparaison de l'attelage américano-saoudien, l'ont ensuite conduite à bâtir *ex nihilo* des relations avec les Afghans qu'elle a conti-

1. Pour avoir été le premier à lui consacrer tant de pages (voir *La Guerre de l'ombre des Français en Afghanistan*, Fayard, 2011), je m'autoriserai à en livrer la véritable appellation : le Service mission (SM). Né en 1989 à l'instigation du général Jean Heinrich, il est le troisième pilier de la direction des opérations avec le Service action (SA) et un service encore plus préservé de toute publicité, le SOP, Service opérationnel, surnommé de manière très réductrice les « crocheteurs de serrures » (il est chargé de récupérer des renseignements dans des lieux normalement préservés de toute intrusion [chambres d'hôtel, valise diplomatique...]).

nûment alimentées quand la plupart des services amis s'en détournaient.

Leur expérience, celle des membres du Service clandestin, mais aussi des chefs de poste dans les pays limitrophes et d'officiers du SA, permet de brosser un portrait de l'officier de la DGSE sur le terrain. Cette toile n'a pas la prétention de se vouloir universelle. Elle ne concerne qu'une catégorie du personnel de la DGSE, ayant elle-même tenu à rendre hommage au travail complémentaire, fondamental, des analystes qui, boulevard Mortier, à Paris, réceptionnent le fruit de leurs recherches, le confrontent aux informations collectées par d'autres voies et lui accordent finalement sa véritable valeur. Ceux-là mériteraient aussi un ouvrage qui, de la même manière, n'omettrait rien du rare mélange de compétences mises en œuvre, mais aussi des tracasseries somme toute banales de leur vie de bureau dont même les laboratoires pourtant pointus de la DGSE n'ont pas réussi à composer l'antidote…

Ces treize entretiens n'en demeurent pas moins uniques. Jusqu'à présent en effet, le paradoxe voulait que ce soient ceux qui ont répété à l'envi à leurs troupes de se cloîtrer dans le silence qui se sont exprimés le plus – je veux parler des anciens directeurs généraux de la DGSE. Leurs mémoires sont inégaux, mais légitimes. C'est moins vrai pour ceux des subordonnés qui leur ont emboîté le pas depuis quelque temps. Souvent partis dans de mauvais termes, ils ont dépeint un service dans lequel, à tout le moins, leurs congénères ne se reconnaissent pas toujours.

Aucun d'entre eux en tout cas n'a eu le parcours des treize ici présents, ne serait-ce qu'en raison du fait qu'il n'y a que trois ou quatre unités semblables au Service clandestin dans le monde. Par conséquent, à ma connaissance, la transcription de leurs deux cents années d'expérience cumulées dans les théâtres d'opération les plus périlleux n'a pas de précédent.

Puisse-t-elle faire réfléchir, dans nos sociétés dites modernes, à la singularité de leur mission. Voilà des hommes et des femmes qui servent leur pays dans des conditions extrêmes. Leur paie, indexée sur la grille de la fonction publique, est sans aucune mesure avec leur investissement personnel et les dangers encourus. Les médailles, pour ceux qui leur accordent une valeur, ne leur sont, par essence, guère envisageables. Mais même la fierté d'un père ou d'une compagne, apprenant à un repas de famille la réussite d'une mission où ils ont donné tant d'eux-mêmes, leur est interdite.

Il ne s'agit pas de brandir les grands mots : la passion du métier, l'adrénaline de la mission, l'émulation au sein du service sont chez eux des moteurs à vrai dire beaucoup plus pertinents que le patriotisme qui pour tous est une évidence, mais qui suffit rarement à outrepasser comme il le faut, sur une longue durée, les limites traditionnelles. Et si, oui, ils sacrifient une part d'eux-mêmes, c'est de manière consentie, et avec, à la clé, non pas seulement du stress, de la peur et des remords, mais de la joie et un sentiment d'utilité sans guère d'équivalent.

Pour autant, à une époque de course aussi vaine qu'effrénée à la richesse et à la célébrité, il est bon que les Français sachent que, pour sauvegarder leurs intérêts, certains des leurs prennent encore bien des risques sans en attendre la moindre reconnaissance.

Les treize

Benoît : ancien officier du Service action
Daniel : ancien officier du Service clandestin
Fabrice : ancien officier du Service clandestin
François : ancien officier du Service clandestin
Georges : ancien officier du Service clandestin
Grégoire : ancien chef du Service clandestin
Hervé : ancien officier du Service clandestin
Michel : ancien chef de poste
Norman : ancien chef de secteur à la Direction du renseignement
Patrick : ancien chef du Service clandestin
Sandra : ancien officier du Service clandestin
Victor : ancien officier du Service action
Vincent : ancien chef de poste

I

Paroles de DGSE

Ils ont fait le choix du secret, et ils parlent… Un reniement de ce qui a façonné une partie de leur vie ? Un coup de colère face aux débats actuels ? Rien de tout cela. Car les treize témoins de ce livre, évidemment sous pseudonyme, ne livrent aucun secret. À quoi bon un livre, alors ? Il en va du secret dans une société comme des nuages dans le ciel : il est passager. Si la présence d'un officier de renseignement français dans tel pays n'est pas à révéler en 2017, elle sera vraisemblablement connue dans dix, vingt, cinquante ans, pour peu que les auteurs de cette époque se donnent le mal de la rechercher. N'en déplaise aux amateurs de complots, tout finit toujours par se savoir dès lors que plus de deux personnes sont dans la confidence. Les « espions » ne parlent pas ? Sauf… à ceux auxquels ils veulent bien parler. Car ils savent que leur parole ne sera pas trahie et qu'il ne leur sera pas demandé ce qu'ils ne peuvent raconter. Dès lors, ils se confient volontiers sur leur métier, heureux sans doute de le faire partager comme rarement ils y sont parvenus avec leurs proches. Et alors, ils dévoilent ce qui est beaucoup plus fort qu'un « secret d'État » : la confrontation d'un homme ou d'une femme avec le service de la France, la peur, l'humilité, le mensonge, l'oubli... Cette confidence-là ne sera jamais balayée par le vent des années.

JCN : Pourquoi acceptez-vous de témoigner ?

Georges : J'ai effectivement signé un engagement de confidentialité en quittant le service. Cet engagement contraint les agents à ne pas révéler le secret des opérations auxquelles ils ont participé, ainsi que l'environnement général dans lequel ils ont pu être employés. Ceci étant, aujourd'hui, avec une dizaine d'années de recul, je considère qu'il est important pour un large public de connaître, de mieux apprécier les particularités du monde clandestin auquel j'ai appartenu, sans toutefois révéler de secrets ou d'opérations qui pourraient être encore aujourd'hui réalisées par le Service clandestin.

François : Les agents en général, et les clandestins en particulier, ne parlent pas, ce n'est pas dans notre culture, cela ne fait pas partie de notre formation. Mais la communication a considérablement évolué ces dernières années, y compris depuis l'époque que nous allons évoquer [...]. Aujourd'hui, les réseaux sociaux, les communications sont ouverts, tout le monde parle à bon ou mauvais escient. Je pense que la position des services d'avant – ne jamais rien dire et ne faire état que des échecs – a évolué et il paraît nécessaire, à l'instar de ce que font les services étrangers, à savoir américains ou anglais, de pouvoir communiquer pour que les gens sachent ce qui se passe et comment nos services opèrent dans le monde.

Michel : Je pense que dans ma génération d'officiers saint-cyriens, nous avons un devoir de témoignage de cette période difficile qui est allée de la guerre froide à cette situation instable des guerres asymétriques d'aujourd'hui. C'est donc un hommage que je veux rendre à tous les camarades dont j'ai suivi les parcours pendant ces vingt ans de DGSE, dont certains ont été blessés ou sont morts.

Grégoire : J'ai jugé utile de dire [...] qu'il y a encore dans notre pays des gens qui sont prêts à s'investir, y compris des jeunes qui sortent d'études, dans un métier ingrat qui ne leur apportera ni gloire, ni honneur, ni argent. Aussi, j'avais à cœur de rendre hommage à tous les gens qui ont partagé ma vie professionnelle pendant quelques années. Une équipe formidable. Et puis, il y a mes proches, qui ont vécu et probablement souffert pendant des années de mes absences ou de mes silences. C'est aussi une manière de leur expliquer *a posteriori* pourquoi ça s'est passé comme ça...

Patrick : Je ne suis pas là pour raconter ma vie, mon œuvre. Je suis là pour rendre hommage aux jeunes qui sont actuellement au service, en train de servir pour le pays, et c'est ma façon à moi de leur dire que c'est une longue histoire, le service, et pour témoigner, et leur dire, de continuer comme ça, car je suis très fier d'eux.

Benoît : Je sais qu'aujourd'hui il y a des gens qui sont sans doute aussi performants, aussi engagés que nous – il suffit de suivre l'actualité pour comprendre où [...] – dans des situations qui sont sans doute beaucoup plus exposées que celles où moi j'ai eu l'occasion de servir

[...]. D'ailleurs le résultat, enfin, malheureusement, les pertes que subit le service, le traduisent[1].

Daniel : Aujourd'hui, la France est confrontée à une menace terroriste d'une violence qu'elle n'a pas vécue depuis plus d'une dizaine d'années. Pour contrer cette menace qui nous touche dans l'Hexagone, mais aussi à l'étranger, eh bien, il y a besoin de renseignements, d'informations, et ce renseignement, cette information qu'on va chercher à l'étranger, c'est le travail des agents de la DGSE. Aujourd'hui, j'ai quitté la DGSE après y avoir servi pendant une vingtaine d'années et j'ai décidé de témoigner du travail de ses agents, un travail qui est souvent trop connu par ses échecs et rarement par ses succès que l'on cache, évidemment.

Norman : Bien souvent on ne parle du service que lorsque l'on a fait une opération qui n'a pas parfaitement marché, ou lorsqu'il y a eu un échec quelconque. On n'en parle pas lorsque l'opération a réussi, ce qui est normal d'ailleurs parce qu'on n'est pas censés faire de la pub pour le service. Mais il est bon, je pense, qu'une image positive soit donnée de temps en temps.

Hervé : Très franchement, on peut avoir un sentiment d'irritation parfois, ou de frustration, mais ce n'est pas structurant pour l'état d'esprit du clandestin. En tout cas, ce n'est pas le mien. On sait dès le départ que, si on se trompe, qu'on se fait détecter, qu'on commet une erreur sur le terrain et que la presse s'en empare, ce sera utilisé contre l'image de la DGSE. C'est la règle du jeu, on ne

1. L'année dernière, la DGSE a perdu huit des siens dans le cadre des opérations menées en Libye.

peut pas aller contre le sens du pouvoir médiatique, donc on fait avec.

Patrick : C'est plus avec le recul qu'on se rend compte que l'image qu'on peut avoir du service est soit déformée par ce qu'on voit dans la fiction, soit critiquée – c'est facile de critiquer puisqu'on n'a pas la possibilité de réagir !

Sandra : J'avais envie de parler du métier de ma propre voix et de ne pas la laisser au cinéma, à la presse, aux médias qui en donnent une image forcément tronquée dans un article de deux pages ou dans un documentaire de quelques dizaines de minutes. Au cinéma, l'objectif est plutôt de divertir. Le métier dont on va parler, c'est un métier, ce n'est pas un jeu.

Norman : En général, les films ne sont pas le reflet de l'action que l'on mène sur le terrain, c'est souvent du folklore.

Patrick : Dans les films, on a une heure trente pour donner de l'action, convaincre un public. Et souvent, c'est extrêmement condensé, c'est violent, pour donner envie de regarder, et ça, je le comprends tout à fait. Mais dans la réalité, ce n'est pas comme ça que ça se passe. Il faut du temps, de la patience, être *low profile*, des tas de choses qui sont très difficiles à transcrire.

Victor : James Bond est un très mauvais agent clandestin pour trois raisons principales. D'abord, il commet une faute monumentale : il dévoile son identité réelle. Un agent clandestin va chercher à tout prix, jusqu'au bout, à la cacher. Deuxième chose : James Bond ne prépare jamais ses missions. Il y va comme ça, c'est de l'improvisation complète. Or une mission improvisée, c'est une mission loupée. Dernier point : il casse toujours le matériel qu'on lui confie. Ça, vous le faites une fois, deux fois, et après, c'est fini !

Norman : On a moins de contacts avec le sexe féminin que lui, c'est sûr ! On a moins de moyens aussi, on se met moins en avant. La gueule des OT[1] n'est pas non plus celle des gens de cinéma…

Patrick : Au fil des ans, j'ai lu beaucoup d'interviews de gens du service qui ont raconté leur vie. On a un risque dans notre métier, c'est le risque de devenir mégalo, mytho. Certains peuvent se sentir frustrés, se dire : « On ne me connaît pas alors que j'ai fait des belles choses. » En fait, ce qui peut m'y choquer, c'est le « moi je », parce que c'est complètement antinomique avec le principe même d'un service de renseignement tel que la DGSE. Nous sommes des clandestins. J'ai été clandestin pendant dix-sept ans, ce n'est pas rien, ça a des conséquences familiales, personnelles. Je peux vous dire qu'entre nous, souvent, on sourit de ce qu'on peut lire dans ce genre de livres.

Hervé : Passer devant une caméra, c'est aller à l'encontre d'une philosophie qui, je crois, nous tient tous à cœur. Mais je pense que ce qui nous déplaît le plus, à nous, clandestins, c'est de laisser le champ libre à des gens qui parlent pour nous. Le message qu'on a à faire passer, il est très simple : on sert l'État, comme plein de gens servent l'État en France. Nous, on l'a servi d'une certaine manière, on en est contents, on n'en attend rien, ni gloire ni quoi que ce soit. Si [notre témoignage] peut renforcer un petit peu la considération, et amener à se rendre compte qu'il y a des gens qui prennent des risques

1. Officiers traitants.

tous les jours pour des valeurs aussi tarte à la crème que la sécurité du pays et le drapeau, peut-être qu'on aura posé notre pierre. Mais en aucun cas il ne s'agit de faire un discours à la gloire de notre profession… même si on en est très fiers !

II

Prélude afghan

Le 24 décembre 1979, l'URSS envahit l'Afghanistan. Absente de la zone, il faudra une demi-douzaine d'années à la DGSE, qui s'appelle encore le SDECE, pour s'y investir pleinement. Contrairement à d'autres services, elle ne cessera en revanche de s'y intéresser par la suite, faisant de cette région le théâtre d'à peu près tout ce qu'un service de renseignement peut mener comme actions. L'Afghanistan est donc le cadre idoine pour illustrer les propos de nos treize témoins. À commencer par Benoît. Tout jeune officier, il a le privilège, et la difficulté, de démarrer sa carrière dans le Service action (SA) avec ce qui est alors l'un des dossiers les plus brûlants de l'actualité internationale.

JCN : Comment avez-vous été amené à être chargé de ce dossier ?

Benoît : La première année d'intégration au Service action, [est dispensée] une formation sur l'assistance aux mouvements insurrectionnels. Cette formation se fait sur le terrain ; on y apprend à monter des filières logistiques. Et puis, dans une partie plus théorique, les différents élèves choisissent une situation du moment où ils doivent retranscrire, au travers d'une activité réelle, ce qu'on leur a appris pendant les cours théoriques. Il se trouve que j'ai récupéré le dossier afghan. On est en 1986, début 1987, la résistance afghane bat son plein, je me passionne pour ce sujet [...]. Le travail que je fournis est remarqué, et à ce moment-là, l'état-major [du SA] cherche un jeune officier pour s'occuper d'un des mouvements et naturellement je suis appelé par mon chef à Paris.

JCN : Pouvez-vous brosser le tableau de la DGSE en Afghanistan à l'époque ?

Benoît : Tout est cloisonné, mais je vais découvrir assez vite que le Service action soutient deux mouvements, ou plus exactement deux commandants : le commandant Wardak, qui est un Pachtoune, et, un peu plus au Nord, le commandant Massoud, qui est lui tadjik. Massoud jouissait déjà d'une belle réputation, il était bien connu de l'opinion publique parce qu'il y avait ces *French Doctors* qui se rendaient régulièrement dans la vallée du Panshir. Il parlait le français et il travaillait déjà son image. Des contacts sont pris à ce moment-là par la Direction du renseignement[1] avec un mouvement royaliste, modéré, très pro-occidental, le Ma'az[2], dont le dirigeant est le Pir[3] Gai-

1. En plus de la Direction des opérations, la DGSE compte quatre grandes directions : la Direction de l'administration et des finances, la Direction technique, la Direction de la stratégie et donc la Direction du renseignement, chargée de l'analyse des renseignements collectés de toutes voies, dont celle des postes à l'étranger qui sont également sous sa responsabilité.

2. Abréviation de Mahaz-e Melli-e Islami, ou Front national islamique.

3. Un Pir est un dignitaire soufi.

lani. Ce mouvement, qui n'a aucune compétence dans le domaine militaire, a besoin d'une assistance pour former les commandants qui font allégeance, et c'est la mission qui m'est confiée.

JCN : *Quel était l'intérêt pour la DGSE de soutenir un tel mouvement ?*

Benoît : Je pense qu'il y avait une vraie volonté à ce moment-là de rentrer dans les aspects plus politiques du dossier. Les commandants qui étaient soutenus par le service action étaient des commandants de terrain. Là, on commençait à monter au niveau politique de la résistance. Je rappelle qu'on est au début 1987 et que c'est le moment où on commence à sentir une évolution sur le dossier afghan. Je pense que la France, à ce moment-là, a besoin de s'intéresser de plus près au dossier, et naturellement, c'est une mission que récupère la DGSE, et en particulier la Direction du renseignement.

JCN : *De tous les commandants afghans, le fondamentaliste Gulbuddin Hekmatyar était certainement le plus dangereux pour l'Occident. Pourquoi les Américains l'ont-ils soutenu ?*

Benoît : Cela partait du principe qu'[ils] ont mis en œuvre : on ne traite pas directement la résistance afghane, on passe par les services pakistanais. Donc, ils se [sont rendus] dépendants des choix de l'ISI[1]. Les Français, eux, avaient décidé de garder la maîtrise des contacts et des choix qu'ils faisaient au sein de la résistance.

1. *Inter-Services Intelligence* (service de renseignement extérieur pakistanais).

JCN : Alors que les Américains n'hésitent pas à livrer des missiles antiaériens Stinger[1]*, que propose la DGSE aux commandants afghans et que réclament ces derniers ?*

Benoît : La DGSE n'avait pas pris l'option de livrer de matériel, en tout état de cause à l'échelle de la CIA – un peu de matériel a été fourni. L'option fut plutôt de former les structures militaires des mouvements. En l'occurrence, pour le Ma'az, formation aux techniques de la guérilla du fils du Pir Gailani, Mohammed, qui avait vocation à devenir le chef militaire, mais également d'une demi-douzaine de commandants : comment organiser un mouvement, comment saboter un pont – un savoir-faire militaire finalement assez basique. Toute la formation se fait généralement en France, dans des camps militaires dont une partie est réservée au Service action. Pourquoi ne faisait-on pas la formation sur le terrain ? D'abord, parce que cela nécessitait tout de même un certain nombre d'instructeurs spécialisés dans le domaine du tir au mortier, du tir aux armes légères, des explosifs, des techniques radios. Donc, pour éviter d'avoir à emmener une trop grosse équipe au Pakistan, avec toutes les contraintes opérationnelles [de la clandestinité], c'était plus simple de faire venir les gens en France et de les former dans un camp militaire.

1. D'aucuns en ont fait le tournant de la guerre en Afghanistan. Une étude plus poussée laisse apparaître cependant que non seulement les pilotes soviétiques se sont adaptés aux nouvelles conditions de vol, mais que surtout, les raisons du départ de l'URSS sont plus profondes, liées en premier lieu à l'effondrement du système communiste à l'intérieur même de ses frontières.

JCN : Comment cela se passe-t-il concrètement ?

Benoît : On met six Afghans dans un avion. On les récupère à Paris, on les met dans une camionnette, on met un film translucide sur les fenêtres, et on les emmène au camp de Cercottes où on les équipe…

Patrick : Le camp de Cercottes, c'est, pour le situer, la maison mère du Service action. C'est là que l'on fait tous les stages de base, de formation des agents clandestins.

JCN : Pouvez-vous nous le décrire un peu plus, vous qui l'avez commandé par la suite… ?

Patrick (sourire) : C'est un beau camp qui se situe dans une belle forêt de la région d'Orléans, avec des bâtiments modernes, et surtout des équipements adaptés à l'action clandestine…

Benoît : À Cercottes, débute la formation théorique. Les Afghans vivent en huis clos avec leurs instructeurs, mais les sollicitations sont fortes pour qu'on les emmène se promener… Finalement, on me donne l'accord de leur faire découvrir Paris. On organise donc une petite sortie récréative, bien encadrée, avec un certain nombre de personnels du service. Sur la route entre Orléans et Paris, l'interprète m'explique que c'est l'heure de la prière, donc qu'il faut s'arrêter. Pas évident au milieu de la nationale 20 ! Donc, on sort, je crois que c'était du côté de Montlhéry, on trouve un lotissement en cours de construction, et ils se précipitent pour faire la prière. À ce moment-là, arrive un garçon en mobylette qui, fasciné par ce spectacle, oublie de prendre son virage et tombe… Plus grave, à la tour Eiffel, tout à coup, en comptant nos effectifs, nous nous sommes rendu compte qu'il nous manquait un stagiaire, un commandant, qui avait tout simplement disparu... On a appris par la suite qu'il avait rejoint son frère en Allemagne.

JCN : *Comment ont réagi vos supérieurs... ?*

Benoît : C'était finalement le problème de nos amis afghans... Nous n'avions aucun droit de regard sur la sélection des stagiaires, c'était leur problème s'il y avait des gens moins motivés pour le combat que pour rejoindre l'Europe.

JCN : *Quelles étaient les lignes rouges à ne pas franchir durant cette formation ?*

Benoît : Ce n'était pas le premier mouvement insurrectionnel que nous formions[1] et à l'époque, la formation, notamment pour tout ce qui touchait le sabotage et les explosifs, était vraiment limitée aux actions de guérilla – comment faire sauter un pont, calculer une charge pour faire sauter une ligne de chemin de fer – et en aucun cas comment réaliser une bombe que l'on puisse mettre dans une gare ou dans une salle de cinéma – en particulier toute l'électronique nécessaire pour la mise de feu. Ces choses-là n'étaient absolument pas enseignées, ou même évoquées : les gens utilisaient de la mèche lente et une dérouleuse électrique pour mettre en œuvre leurs explosifs. C'était vrai de manière générale sur toutes les techniques.

JCN : *Donc on ne peut pas dire que la DGSE a pu former des apprentis terroristes ?*

Benoît : Non. Mais je ne peux pas garantir que, dans les commandants qu'on a formés, il n'y en ait pas qui, par la suite, soient devenus Taliban. Ce qui valide *a pos-*

1. Les commandants Massoud et Wardak en ont également profité.

teriori le fait qu'il fallait être extrêmement rigoureux et clair sur les savoir-faire…

JCN : *Par la suite, en partie pour vérifier que la formation a bien été assimilée, vous avez effectué des missions clandestines au Pakistan. Pouvez-vous nous décrire votre ressenti ?*

Benoît : La première se fait avec un officier de la Direction du renseignement qui, lui, a le contact politique avec le mouvement. Donc, nous partons tous les deux au Pakistan pour que je fasse connaissance avec l'état-major, assez réduit à cette époque-là. Naturellement, je prends une fausse identité puisqu'il s'agissait quand même de garantir ma sécurité quelle que soit l'évolution de la mission. On avait en face de nous, potentiellement, l'Union soviétique et ses services. Même chez les Afghans, il pouvait y avoir des rivalités qui faisaient qu'un officier traitant pouvait faire l'objet éventuellement d'une attaque, ou d'un assassinat. Donc, il est important de me protéger, et surtout de protéger ma famille.

JCN : *Comment cela se passe-t-il concrètement ?*

Benoît : Ce qui est important, c'est qu'il ne faut pas qu'à un moment donné des éléments démontrent qu'il y a une double identité, une vraie et une fictive. Donc, il y a un petit passage – on pourrait appeler ça un sas – où l'officier de sécurité vérifie que vous avez éventuellement enlevé les étiquettes à votre nom de vos chemises, que vous n'avez pas un papier qui trahisse le fait que vous n'êtes pas celui que vous prétendez être. Une fois que c'est fait, on vous remet des papiers qui ont été un petit peu travaillés, pour sembler avoir un peu d'ancienneté – [sinon] ça pourrait attirer l'attention de la police et des douaniers. Et puis, vous retravaillez un peu votre légende, c'est-à-dire l'endroit d'où vous venez, où est-ce que vous êtes allé à l'école, où était votre adresse quand vous étiez jeune, le nom de quelques amis, de façon à avoir quelque chose de cohérent à dire si jamais on vous interroge.

JCN : Comment se passent sur le terrain les premiers contacts avec un chef afghan en pleine guerre ?

Benoît : En l'occurrence, les mouvements de la résistance afghane avaient tous leur état-major dans la ville de Peshawar qui était à l'époque assez calme. Dans une structure qu'on appelle la Maison Blanche, les humanitaires préparent leurs missions – car je rappelle qu'à cette époque-là, la présence française en Afghanistan, c'était avant tout les *French Doctors* et des humanitaires. Il y a un peu de fébrilité parce que les commandants afghans viennent à l'automne faire allégeance à l'un des sept principaux mouvements de résistance, et cette allégeance dépend de la fourniture en armement en retour. Les états-majors de ces mouvements sont assez copieux parce que ce sont en fait des familles, avec les cousins, etc. Tout ça reste cependant convivial, on mange des pistaches, on boit du thé, et puis, on discute de la situation…

JCN : Saviez-vous à ce moment ce que la DGSE avait pu livrer aux commandants Massoud et Wardak ?

Benoît : Non, c'était très cloisonné. En revanche, la récupération de matériel soviétique était un vrai sujet. […] Les Soviétiques commençaient à engager des unités de très haut niveau, notamment les Spetsnaz, des unités très bien équipées. Le matériel qui était utilisé présentait un intérêt évident pour les armées occidentales, en particulier pour les fabricants de matériel militaire. Par exemple, les postes radio, avec les systèmes de chiffrage, d'évasion de fréquence étaient d'un intérêt élevé. Le système de guidage d'un missile sol-air va permettre de concevoir des systèmes de contre-mesures pour les avions militaires. Donc, il y avait un vrai intérêt à récupérer le matériel militaire que les Soviétiques laissaient parfois sur le terrain. Mais autant nous étions tous alliés contre l'Union soviétique ; autant, sur ce sujet-là, chaque pays essayait de récupérer du matériel [de son côté] !

JCN : *Comment s'organisait ce marché ?*

Benoît : Son centre de gravité, c'était cette petite ville pas loin de Peshawar qui s'appelle Darah. À la base, c'est une espèce de marché de l'armement, un endroit où les Afghans viennent chercher des armes pour la vendetta. Elles sont fabriquées localement avec simplement un brasero, un morceau de tube, et trois outils. C'est autour de ce marché que s'organisait la revente du matériel de récupération. La difficulté était qu'ils n'avaient aucune idée des prix et de la valeur… Et très honnêtement, nous non plus ! Il nous fallait des experts du matériel militaire pour savoir si cela valait la peine de dépenser deux mille ou quatre mille francs pour un morceau de masque à gaz, un élément de poste radio. Or c'était compliqué car on devait prendre des photos, les rapporter en France, les experts militaires regardaient et disaient « bon OK », et bien entendu, quand on remontait à Peshawar, voire à Darah, impossible de retrouver le matériel ! Donc, c'est à ce moment-là qu'on a eu l'idée de développer un système en temps réel qui nous permettait de communiquer entre le terrain et la France : c'était le début de la communication par satellite. À l'époque, les fichiers que l'on pouvait transmettre étaient extrêmement réduits, c'était de l'ordre de 30 Ko [...]. On avait commencé à concevoir un système qui permettait d'échanger par des espèces de zooms pour que l'expert militaire de Paris puisse dire « ça vaut le coup [de] l'acheter ».

JCN : *Pour un officier français, quelle était la part de danger de se rendre à Darah ?*

Benoît : Darah est dans cette zone tribale du Pakistan dont l'accès est interdit aux Occidentaux. Donc, pour y entrer, il fallait se désilhouetter, s'habiller comme un Afghan. Moi, j'étais plutôt blond et blanc de peau, mais comme les Nouristani – il n'y avait donc pas trop de problèmes. Il fallait mettre le *pacol*, bonnet traditionnel afghan, et puis le *chawar kamiz*, qui est une espèce de grande chemise avec un pantalon un peu bouffant. On me mettait dans une ambulance, et les contrôles n'étaient pas très rigoureux...

JCN : *Cela suppose une confiance absolue en vos accompagnateurs ?*

Benoît : Quand vous êtes agent, que vous vous infiltrez dans un mouvement, vous en êtes complètement dépendant. Il y a un certain nombre d'éléments qu'on regarde [au préalable]. D'abord, on essaye de rendre compte de la position ou de ce qu'on fait, de façon à pouvoir éventuellement être récupéré [en cas de grabuge]. Mais à l'époque, ce n'était pas évident : il n'y avait aucun moyen de communication, les radios à longue distance étaient ce qu'on appelait la HF, de gros équipements que nous n'avions pas. Et il n'y avait pas de communication par satellite. En revanche, il y avait une responsabilité humaine, le chef de poste représentant de la DGSE [à Islamabad] savait avec quel mouvement on était parti, connaissait l'état-major de ce mouvement, qui lui-même nous avait pris en compte. Donc, il y avait de toute façon une possibilité de retracer notre périple sur le terrain.

III

De la lumière à l'ombre

Il est des pays où faire partie des services de renseignement vaut quasiment titre de noblesse. Un « métier de seigneurs », aimait à répéter Alexandre de Marenches. En France, sans doute par capillarité avec les armées, les services sont regardés de travers. Il est de bon ton de railler les « barbouzes », de les associer sempiternellement à une vision, si ce n'est datée, au moins très déformée, des relations franco-africaines. Comme souvent, les arts en sont le reflet. Là où, chez les Anglo-Saxons, Austin Powers et Max la Menace sont écrasés par Jason Bourne, Jack Ryan, John Le Carré, en France, OSS 117 et Gérard de Villiers règnent en maîtres… Faites le test : demandez autour de vous de citer « un » grand film, « un » grand roman d'« espionnage » français…

La mésestime s'infiltre jusqu'au sommet de la hiérarchie. Il est notoire que Jacques Chirac considérait la DGSE avec dédain ; quant à Nicolas Sarkozy, il estimait que rien de nos jours ne pouvait plus rester secret. Certes, les attentats depuis Charlie Hebdo *ont commencé à inverser cette tendance, à tous les étages de la société. Mais il est dommage que la peur soit le moteur de ce retournement. Car le jour où elle s'estompera – et elle s'estompera nécessairement –, faudra-*

t-il redouter que les habitudes reprennent le dessus ? Il a fallu que les treize témoins soient animés par une motivation d'airain pour rejoindre une institution au mieux méconnue, au pire décriée...

JCN : *Civil ou militaire, pourquoi avez-vous rejoint la DGSE ?*

Daniel : Pour toutes les opérations, que ce soit dans le Sahel [aujourd'hui] ou en Afghanistan il y a quelques années, il y a besoin d'anticiper, il y a besoin de renseignements en amont. C'est ce qui m'a toujours passionné. Et plus encore que ce renseignement qu'on va chercher au plus près sur le terrain, ou au plus près des décideurs ou des mouvements insurrectionnels, c'est [...] d'avoir cette excitation de poser des questions, d'être au plus près de la cible sans être détecté, sans filtre, sans sources intermédiaires, pour capter une information brute et sur laquelle on sera capable de donner un avis.

Sandra : L'agent clandestin sur le terrain n'est qu'un maillon de toute une équipe qui monte la mission, mais, plus largement, au sein de la DGSE, de tous les agents qui traitent et analysent, qui vérifient le renseignement, le mettent en forme et le restituent aux décideurs politiques. Donc, ce n'est pas juste une impression de servir l'État. On travaille pour l'État, un État qui, quand on est agent clandestin, n'est pas censé officialiser cette partie-là de l'action. Après, parler de patriotisme, c'est toujours un mot qui peut être un peu dévoyé ou traité de différentes façons. Moi, je dirais que j'ai le sens de servir l'État comme d'autres professions aussi servent les intérêts régaliens. C'est une question de sécurité de l'État – sécurité des ressortissants français, sécurité économique, politique de la France. On peut être fier de son pays sous cet angle-là.

Victor : Il y a forcément une part de patriotisme, mais pas uniquement, car finalement, dans les moments difficiles, la nation, le drapeau, c'est parfois un peu loin. On le fait pour le groupe, pour le service, pour nos anciens, pour ceux qui se sont sacrifiés, et à la fin on le fait aussi pour sa famille. Il y a d'autres motivations : l'aventure, le fait de pouvoir pratiquer des activités inhabituelles, le fait de disposer de moyens importants, d'avoir la sensation d'être dans des équipes professionnelles, de partager des choses avec des camarades qui ont les mêmes valeurs, de pouvoir proposer, développer des choses et d'essayer de remplir sa vie de façon intéressante. Au départ, je n'étais pas du tout destiné à être militaire. Je n'avais pas de militaires dans ma famille, je ne connaissais pas spécialement le Service action ; c'est venu par des rencontres. Et puis, de fil en aiguille, on se retrouve à connaître quelqu'un qui connaît… C'est une succession de hasards, de coups de chance, qui m'a fait un jour atterrir au SA. Je ne dirais pas qu'instantanément, j'ai su que c'était fait pour moi, c'est un peu excessif, mais ça m'a plu, j'ai adhéré et j'y ai passé toute la fin de ma carrière professionnelle.

Patrick : Moi, au départ, j'étais militaire, j'avais envie d'être parachutiste, je l'ai été. Mais, pour être sincère, quand j'étais à Saint-Cyr, je ne savais même pas qu'existait un Service action et qu'il y avait peut-être quelque chose qui correspondait mieux à mon tempérament, à [ce] que j'avais envie de faire pour m'éclater parce que, les valeurs, il ne faut jamais les oublier, mais il faut également s'éclater, et se faire plaisir dans ce qu'on fait.

Michel : C'est très simple, ça tient en une phrase : j'en avais envie. J'ai commencé ma carrière comme lieutenant dans un régiment classique du désert des Tartares où nous attendions des Russes qui ne voulaient pas franchir le saillant de Thuringe pour attaquer l'Europe... Ensuite, j'ai eu la chance d'appartenir à la 11e division de parachutistes, ça bougeait un peu plus puisque, à l'époque, nous avions des opérations au Tchad et surtout au Liban où nous avons eu la tristesse de perdre plus de cinquante camarades dans [l'attentat contre] l'immeuble Drakkar[1]. Mais moi, je continuais de m'ennuyer en France puisque, à l'époque, on envoyait des sections et pas des unités constituées. Donc, je formais des gens, je les envoyais au combat, et puis je tournais en rond avec mes petits sauts en parachute au-dessus de la plaine de Pau. Quand l'occasion s'est présentée de postuler pour la DGSE, j'ai satisfait mes envies de voir autre chose.

Sandra : C'est plutôt progressif. Lors d'une discussion anodine, où on ne se doute pas de la raison principale de l'entretien. Quelqu'un vient vous voir, et vous dit : « Tiens, est-ce que ça t'intéresse de voyager ?, est-ce que l'histoire contemporaine t'intéresse ? » Ou alors, il aura déjà décelé des capacités, j'imagine, d'analyse, de synthèse, d'observation.

Hervé : Il n'y a pas d'agents recruteurs dans les universités. C'est un mythe qui circule beaucoup. C'est plutôt au gré de contacts. On vous dit : « Peut-être que par tes études, ta tournure d'esprit, ton envie de t'engager au service de l'État, par ce que tu as dit, par ce que

1. Le 23 octobre 1983. 58 parachutistes français ont été tués.

tu as écrit parfois, ce serait bien que tu rencontres ou qu'on te mette en contact avec des gens de la DGSE. » On peut avoir envie de rejoindre la DGSE sans jamais trouver la porte. La voie est étroite, moins maintenant avec les sites Internet, une communication beaucoup plus franche de la part du service. Mais à mon époque[1], il fallait avoir la chance de tomber sur quelqu'un qui connaissait quelqu'un qui était à la DGSE. Et puis, très rapidement, on vous glisse une adresse en vous disant, si vous êtes intéressé, d'envoyer votre CV tout simplement, vous recevrez en retour une invitation à passer un concours…

JCN : *Est-ce que vous savez ce qui a séduit chez vous ?*

Hervé : Au départ, ils cherchent des gens avec une formation assez généraliste et en même temps avec un intérêt marqué pour les relations internationales. Parfois, c'est la maîtrise d'une langue rare ou de nombreux voyages. Dans mon cas précis, c'était clairement mes études dans le domaine des relations internationales.

Sandra : Je pense que mon passé professionnel tient une grande part, je n'ai jamais été militaire. La personne en face va confirmer l'image qu'elle se fait de vous, et puis, c'est dans la discussion qu'on entre de plus en plus dans les détails. On vous vend le mystère, cette partie un peu mystifiée – « Tu vas faire des choses uniques, secrètes que peu de gens connaissent, une vie un peu trépidante ». Plutôt le côté rare, un métier unique, atypique et riche, pas le métier plan-plan. Ça ne m'intéressait pas de rester enfermée dans un bureau toute la journée. J'avais envie

1. Début des années 2000.

d'être acteur des relations internationales, pas juste spectateur soit sous l'angle du divertissement, de l'amusement au cinéma, soit sous l'angle tranquille, dans son canapé, à regarder la télé, lire des journaux et imaginer ce qui peut se passer derrière. Non, être vraiment en première ligne. Et puis, j'étais jeune, célibataire, j'avais envie d'action, donc c'était forcément attrayant !

Hervé : Pour les militaires, c'est un peu plus franc, car ils ont déjà fait le pas vers le service de l'État. Je crois que, pour eux, c'est une invitation en bonne et due forme à rejoindre le service.

Vincent : J'ai un peu découvert le renseignement quand j'ai été envoyé à Beyrouth en 1983 comme agent de liaison. Ce sont des activités qui m'ont beaucoup plu, ça m'a donné envie d'aller voir un petit peu plus loin. Donc, après la Légion étrangère, j'ai postulé pour le service. Lorsqu'on entre à la DGSE, on est affecté dans le service de formation pendant une petite année. Ensuite, j'ai rejoint un secteur qui traite davantage des aspects défense. Et là, j'ai eu le plaisir et l'honneur de travailler avec un grand monsieur du renseignement, qui traitait notamment Farewell[1]. Il m'a appris beaucoup [...].

Norman : Ce qui m'a motivé, c'est que mon père était déjà un réserviste du Service action et avait participé à pas mal d'opérations dans les années 1950-1960. C'était l'héritage de l'après-guerre et de la Résistance, j'avais envie de faire la même chose. J'étais [alors] pilote dans

1. Nom de code de Vladimir Vetrov, officier du KGB ayant fait défection à partir de 1980. Il a livré des milliers de documents et le nom de centaines d'officiers de services de renseignement soviétiques opérant en France et dans le monde.

l'aéronautique navale. Mais déjà, lorsque je passais le concours de l'École navale, je savais qu'au bout de quelques années, je demanderais une mutation pour le SDECE. Donc, j'ai harcelé la marine afin qu'ils me mutent, ce qui n'était pas rentable pour eux puisqu'ils m'avaient formé comme pilote…

François : Après un échec à l'École de guerre, je me retrouve confronté à un avenir qui se bloque ou s'assombrit[1] et, tout naturellement, me revient en tête l'idée de poursuivre dans le domaine du renseignement. D'autant que, lorsque j'étais jeune lieutenant, j'ai eu la chance de partir deux ans à l'étranger dans le cadre d'une garde présidentielle d'un pays africain et que je me suis retrouvé avec toute l'équipe de l'opération *Satanic*[2] qui avait été mise au vert. J'ai pu les côtoyer au quotidien, nous avons vécu ensemble, travaillé ensemble. Ces échanges m'ont permis de concrétiser le fait que le domaine du renseignement devienne une nouvelle passion. Comme disaient les Russes, sans renseignement, pas d'engagement.

JCN : On aurait pu imaginer que ce qu'avait vécu, et subi, cette équipe du Service action vous refrène dans votre projet de rejoindre la DGSE…

François : Bien au contraire. Cela m'a donné l'envie de voir si j'[étais] capable de faire certaines choses qu'ils avaient eux-mêmes effectuées. Le SA était le Graal que j'espérais pouvoir trouver à la DGSE.

1. Le brevet de l'École de guerre est quasiment indispensable pour l'accession aux grades supérieurs.

2. Responsable de la destruction du navire *Rainbow Warrior* de l'organisation Greenpeace, le 10 juillet 1985.

JCN : Avez-vous souvenir de cas de candidats recalés à l'entrée du Service action[1] *?*

Victor : [Cela] arrive tout le temps, même pour des gens de très bon niveau. Par exemple, il y avait un gars qui était très prometteur, une intelligence brillante, avec une mémoire phénoménale, quelqu'un de très rapide, organisé dans sa tête, quelqu'un qui sort de l'ordinaire par sa puissance intellectuelle. Et donc, tout le monde s'imaginait que ça n'allait être rien du tout pour lui, tout ça. Mais ça s'est mal fini, parce que, finalement, son intelligence le rendait impatient, il n'arrivait pas à se mettre au niveau de tout le monde. Le défaut d'humilité, c'est un péché mortel. Il y a des gens qui sont très sûrs d'eux dans la sobriété, c'est juste qu'ils n'ont pas besoin d'en rajouter, ça se voit, ça sort d'eux comme ça. Et puis, il y a des gens qui aiment plus être en avant de façon artificielle, et ça se sent aussi.

JCN : Quels sont les autres défauts rédhibitoires pour entrer au Service action ?

Victor : Les impulsifs, colériques, les exaltés, on va [les] éviter parce qu'on sait d'expérience que ça ne fonctionnera pas, qu'ils seront malheureux, qu'ils risquent d'être dangereux… Le manque de rigueur, ça aussi c'est dangereux pour le groupe. Il ne faut pas des gens parfaits, sinon il n'y aurait personne. Il y a des gens qui sont conscients de leurs points forts et de leurs points faibles, qui vivent

1. Rappelons que le SA, s'il appartient à la même direction des opérations, est distinct du Service clandestin. Toutefois, il a lui aussi recours à des méthodes clandestines.

bien avec, qui savent les dominer, les mettre en valeur. [Mais] on peut très bien [aussi] être quelqu'un qui n'a pas de points forts exceptionnels, qui n'est brillant dans aucun domaine particulier et être un très bon agent du service. C'est une alchimie.

JCN : *Faut-il un courage hors normes ?*

Victor : Non, mais à un moment, il faut quand même y aller… La personne qui est trop émotive se retrouve en difficulté dans une situation de stress, et ne va pas pouvoir réagir de façon adaptée. Ça peut être un contrôle de police, de douaniers dans un pays en guerre, et le gars perd tous ses moyens et là, même si on peut le travailler, il faut quand même avoir des prédispositions. On ne peut pas, si on est vraiment quelqu'un de très angoissé, devenir, d'un coup, quelqu'un de très à l'aise.

JCN : *On a l'image de membres du Service action très athlétiques.*

Victor : La réponse est devant vous[1]. Il y a des grands, des petits, des maigres, des plus ronds, des costauds, des moins costauds, tout est possible. Il faut quand même avoir le goût du sport, de l'effort. Le goût du risque, je n'irais pas jusque-là, mais être capable de se dépasser. Il n'y a pas besoin d'avoir un physique monstrueux, exceptionnel, on ne se prépare pas pour les JO, mais il faut être sportif parce que c'est quand même garant de la sécurité de l'agent. C'est en même temps la garantie d'une vie saine. Il peut y avoir besoin de sauter en parachute,

1. Victor est très svelte.

de marcher longtemps, de plonger, de faire tout un tas d'activités [...], mais plus que l'aspect très athlétique, il faut ce qu'on appelle chez nous la rusticité. Il faut être dur au mal, ne pas avoir chaud, froid, faim, c'est ça qui compte, plus que d'être le champion du semi-marathon. Quand je pense à un agent du service, je vois plusieurs gars qui ont toutes les qualifications possibles, inimaginables, difficiles de l'armée – ils peuvent être chefs de détachement haute montagne, chuteurs opérationnels, nageurs de combat, moniteurs commando spécialisé – et puis... ils ne ressemblent à rien ! Ils ont un physique extrêmement banal, ils se foutent de leur aspect physique, ils déconnent à longueur de journée, et c'est inimaginable qu'ils soient des militaires. Et pourtant, dans le travail, ils sont d'une rigueur extrême, d'une fiabilité extrême, ils ont le souci du détail, ce sont de grands professionnels, et c'est absolument impossible de s'imaginer qu'ils sont tout ça en même temps.

JCN : Restons donc avec les militaires et prenons le cas particulier d'une entrée à la DGSE par le Service action...

François : La première année dure neuf mois, c'est un tronc commun. C'est la formation traditionnelle de tout agent, en cycle d'entraînement intensif, quelle que soit la future destination de l'officier traitant [...].

Patrick : Quand on entre au service, on doit passer dans un sas. On a une formation qui est assez longue, où on n'est pas considéré comme un membre à part entière du service même si les gens vous disent « bonjour » le matin et vous laissent prendre les instructions d'un stage en cours. On sait pertinemment qu'on est testé, suivi, et qu'on doit faire ses preuves.

Benoît : Vous êtes mis un peu à l'écart, vous n'avez pas accès à la population des officiers et des sous-officiers, vous déjeunez dans une salle à part. [Dans] tous les stages que vous faites, on vous met prudemment à l'écart des activités opérationnelles. Donc, la première année est une année mystérieuse où on découvre peu à peu les choses. On joue d'ailleurs sur ce flou entre ce qui est réel et ce qui est exercice de façon à pouvoir vous tester, et notamment voir comment vous vous comporterez dans des situations difficiles, délicates, dans le cadre des missions futures.

Victor : Le militaire a été formé pour avoir un certain type de comportement. La difficulté, c'est qu'il ne faut pas qu'il perde ça complètement. Il doit garder ses qualités de militaire, et en même temps, il doit acquérir les compétences d'un agent clandestin. Ce qu'il doit perdre, c'est le côté visible, caricatural, du militaire. La coupe de cheveux, ça, c'est facile, mais il y a [aussi] la tenue qui peut être stéréotypée, la manière de parler, les expressions militaires. Il y en a qui y arrivent plus ou moins rapidement, ça dépend de la personnalité de chacun. Il y a des gens atypiques, des gens qui ressemblent à des civils, tout existe. Quelqu'un qui est très militaire a effectivement plus de distance à franchir pour arriver à être un agent clandestin, mais il y a des gens qui sont à l'aise avec ça. Le jeune agent, en général, c'est l'excès inverse : il va arriver avec les cheveux jusque-là, une énorme barbe, des bracelets partout, en disant, « Non, je ne suis pas un militaire », mais c'est la caricature inverse…

Grégoire : La première impression, c'est qu'on n'est pas du tout dans une unité militaire puisqu'il y a une absence de formalisme qui saute aux yeux quand on vient d'un régiment normal. Le deuxième choc, ce sont les moyens puisque le service bénéficie de moyens extraordinaires par rapport aux unités conventionnelles : on passe des journées entières à s'entraîner au tir [alors que], dans l'armée conventionnelle, à cette époque-là, on est limités à deux cents cartouches par an ; on a les meilleures armes, et puis il y a une qualité de personnel qui est impressionnante, des gens triés sur le volet, qui sont extrêmement compétents, entraînés. On est vraiment dans un autre univers. J'y ai pris [ainsi] le commandement d'un commando, une trentaine d'hommes, dont la spécialité était l'intervention en milieu bâti et la libération d'otages. Il y avait un très haut niveau. Par exemple, tous les entraînements d'intervention se font à balles réelles. On n'est pas dans le jeu de la petite guerre, il y a de vrais risques. À l'époque, on a dû perdre un ou deux hommes à l'entraînement, et puis il y avait des blessés, évidemment.

JCN : *À l'opposé de l'imagerie picaresque, la routine pourtant n'est-elle pas souvent le quotidien de l'« espion » ?*

François : La première année, vous travaillez en civil. Vous commencez à gommer vos habitudes, vous n'êtes plus en uniforme. L'enveloppe change, [mais] le fond en lui-même ne change pas. Le métier d'officier de renseignement est avant tout un métier de procédure.

Sandra : L'activité administrative, pour le coup, je n'y pensais pas du tout en entrant. On pense au côté action, terrain, et puis après quand on rentre, on se repose… Non, pas du tout ! […] On agit pour le compte de l'État français, et avec des finances publiques. Donc, tout est tracé, vérifié, contrôlé, cadré […]. Quand on rentre, on n'échappe pas aux huit heures derrière l'ordinateur sur une chaise, derrière un bureau, pour toute la paperasse nécessaire ! Mais ça fait partie du métier, on l'apprend, et c'est aussi l'essence de la mission : on est parti recueillir du renseignement ; au retour, il faut le restituer sous une forme bien particulière qui garantit la valeur, la confidentialité, la sécurité des sources et de la mission.

Michel : Les premières années à la DGSE sont très laborieuses car il faut apprendre des techniques et surtout un travail de bénédictin. C'est une école d'humilité, de travail en équipe et surtout, je crois, c'est cette prise de conscience que la DGSE ne serait rien si elle n'avait pas ses archives et sa mémoire. Il faut apprendre à approvisionner, utiliser cette mémoire. On est très loin des livres de Gérard de Villiers ou des films de James Bond ! Mais il faut en passer par là avant de se retrouver dans une vie atypique et qui apporte de grandes satisfactions.

IV

De la manipulation

Toute organisation génère ses raccourcis de langage. L'armée en est un emblème, avec l'emploi d'une saisissante litanie d'acronymes qui, à coup sûr, doit épuiser n'importe quel service de renseignement adverse… La DGSE n'y échappe pas, où l'« OT » « traite » des « sources », « conscientes » ou « inconscientes », « manipule » avec le « MICE », opère avec des « honorables correspondants » ou des « répondants »… Primus inter pares, *un faux ami : dans la doctrine, l'« agent secret » n'est pas James Bond, mais la personne dont il use pour obtenir ses informations… Mais faut-il s'étonner que la DGSE ne cherche pas à être comprise du plus grand nombre ?*

JCN : *Le Service action ou le Service clandestin recrutent des « officiers traitants » (OT). Pouvez-vous nous en donner la définition ?*

Hervé : Un OT, c'est un officier qui traite des sources, qui va détecter, recruter et puis faire travailler à son profit des nationaux des pays où on va agir, c'est-à-dire les convaincre de recueillir du renseignement et de nous le transmettre.

Fabrice : Un officier, ça ne veut pas dire un militaire, c'est juste un terme ; c'est un fonctionnaire. Et « traitant », parce qu'il traite une source, c'est-à-dire, dans la théorie, qu'il va l'identifier, il va l'approcher, l'« environner », savoir qui elle est, quelles sont ses failles, ses forces, à quoi elle peut servir. Il va la recruter, passage difficile, et ensuite, il va la traiter pendant des années, et la transmettre, parce que les OT changent. Donc, la théorie, c'est que la source peut [être utilisée] de six mois jusqu'à vingt ans – c'est assez rare. Mais voilà, on traite une matière humaine.

Norman : La source, c'est une personne qui est recrutée par un OT pour fournir des informations [...]. Il y a des sources ouvertes, la presse, Internet et tout ça. Et il y a la source qui fournit des informations dites secrètes.

Fabrice : La source peut être technique – interception d'un téléphone portable. Mais on a tendance à dire que le cœur du métier de renseignement c'est d'avoir une source humaine. Traiter avec de l'humain, c'est compliqué, c'est volatil, mais c'est très gratifiant, alors qu'intercepter une communication téléphonique, c'est un petit peu plus aride. Toutefois, ce qui est efficace, c'est de cumuler les différentes sources parce qu'une source humaine a un prisme, une subjectivité et qu'elle peut essayer elle-même de tromper son officier traitant. C'est un jeu entre deux humains. Parfois, à la grande époque soviétique, on s'est rendu compte que des sources nous avaient intoxiqués en nous racontant des choses qu'on avait prises pour argent comptant et qui avaient totalement déstabilisé le service.

Michel : Il faut savoir que chaque source a, à la centrale[1], un dossier très complet sur lequel il y a tout. Mais ce dossier, quasiment personne n'y a accès ; de mon temps,

1. La « centrale » désigne le siège de la DGSE, boulevard des Tourelles, à Paris.

même le DG[1] ne pouvait dire « Je voudrais savoir quelle est votre source ». Les sources sont traitées par des pseudonymes, il n'y a que le chef de poste sur le terrain, et une ou deux personnes à la Centrale, qui peuvent faire le lien.

Fabrice : En théorie, une vraie source, c'est une source qui est payée. C'est une source qui est transmissible, c'est-à-dire qu'on peut dire « Bonjour monsieur, je vous présente mon successeur ». C'est une source qui sait que c'est une source – donc, le clandestin, [lui,] ne traite pas forcément une source qui sait qu'elle est une source ; il traite quelqu'un qui est rémunéré potentiellement, transmissible, mais on joue sur la zone grise de la notion de la trahison. On travaille là-dessus car, si la personne savait qu'elle était un traître, par contraste la personne en face de lui ne serait pas un clandestin, mais un officier traitant de la DGSE. Il faut toujours rester sur le non-dit et sur une certaine zone grise…

Michel : Manipuler une source, au sens du glossaire de la DGSE, c'est la former, l'instruire à recueillir du renseignement, c'est-à-dire que, parfois, vous avez des sources qui ont du renseignement sans le savoir. Il faut déjà leur faire prendre conscience qu'elles ont une utilité dans ce domaine, il faut leur apprendre à aller chercher le renseignement qui manque, à le transmettre et à avoir une relation avec son OT.

JCN : Cela impose-t-il de mentir tout le temps ?

Sandra : Le traitement de source, ou la manipulation, repose effectivement sur le mensonge, plutôt sur les rap-

1. Directeur général.

ports psychologiques, les relations humaines. Donc, oui, on apprend à mentir. Il faut vraiment que ce soit quelque chose de tangible, de complètement logique, il ne s'agit pas d'aller imaginer des scénarios impossibles.

Patrick : On ne ment pas. Je dirais plutôt que c'est de la franchise par rapport à la mission que l'on doit faire [...].

Hervé : Certains appellent ça de la schizophrénie, mais on peut mentir sans vraiment avoir l'impression de mentir. Quand on occupe, quand on incarne totalement sa mission, son personnage, on va avoir une relation très saine, très transparente, on n'a plus besoin de calculs, donc on bascule dans un autre personnage qui n'est pas vous. Et c'est là qu'il faut savoir que ce n'est pas vous, en tout cas après la mission, et donc la question du mensonge n'intervient pas. Quand vous posez une question, elle est orientée, mais elle est naturelle par rapport à ce que vous prétendez être et ce que vous vous êtes construit comme personnage intérieur. C'est presque l'inconscient qui bascule aussi dans le nouveau personnage. On peut être amené à faire des rêves en IF[1].

JCN : Comment vit-on le fait que le mensonge est le plus souvent à la base de la réussite ?

Sandra : L'État français me demande de travailler à la marge de la légalité, je le fais en toute conscience et en toute loyauté. On est là pour servir les intérêts de l'État et souvent des intérêts sécuritaires, donc on prend du plaisir à manipuler une source. Pas pour la manipulation de la personne, juste pour pouvoir répondre aux besoins de renseignement de la mission.

1. Identité fictive.

Hervé : À partir du moment où vous rejoignez la DGSE, vous acceptez de servir l'État, mais à aucun moment on ne va vous demander d'avoir une attitude de personne totalement amorale. Au contraire, on vous demande une grande intégrité intellectuelle et éthique, donc, à partir de ce moment-là, les bases sont très claires dès le départ. On ne va pas vous poser d'interdictions, pas plus qu'on ne va pas vous dire de faire ceci ou cela. C'est à vous de le discerner, et je pense que franchir la ligne jaune de la moralité en permanence est quelque chose qui n'est pas acceptable pour le service, et n'est pas accepté.

Patrick : Faire n'importe quoi ne mène à rien. Si vous faites n'importe quoi sur le terrain, un jour ou l'autre, vous plongez [...]. Être clandestin, c'est comme un marathon, ce n'est pas un 100 mètres. C'est quelque chose qui nécessite du temps. Les missions sur le terrain, c'est du temps, ce n'est pas un *one shot* où on fait n'importe quoi pour obtenir absolument le renseignement.

Fabrice : La moralité, c'est une question qu'on se pose souvent [...] et c'est une question qui n'attend pas une seule réponse parce que ça dépend beaucoup de ce qu'on vit et avec qui on le vit. Moi, je me suis posé cette question à partir du moment où j'avais créé des relations proches avec des capteurs, des sources locales qui bien sûr ne savaient pas que je les traitais, que je les manipulais, mais que j'ai dû abandonner parce qu'elles n'allaient pas travailler pour nous pendant des années. Donc, j'ai dû cesser notre relation de manière abrupte, sans que les gens comprennent, j'ai dû les utiliser potentiellement contre leur propre pays d'une certaine manière et on ne peut pas dire que ce soit extrêmement moral, au sens personnel que j'ai de la moralité. Donc, j'en ai tiré une définition mais qui n'appartient qu'à moi, c'est que la moralité des services de renseignement, c'est d'utiliser les faiblesses humaines pour le bien commun français.

Patrick : La moralité est un sujet de fond, essentiel. Obtenir du renseignement nécessite de prendre des risques, et d'aller par moments à la frontière de la moralité, mais c'est un curseur qui est très sensible. On ne doit pas tomber dans l'amoralité. Je m'explique : il est très important pour un agent clandestin de se fondre dans le paysage. Si on est dans un milieu festif [...], et si on se retrouve seul dans son coin à faire le [moine] soldat, on ne va pas tenir longtemps sa couverture. Donc, il est important de se fondre dans le paysage, mais il ne faut pas faire n'importe quoi.

Hervé : Certains sont célibataires, donc ils peuvent faire à peu près ce qu'ils veulent, tout en ayant conscience que ce qui se passe dans une mission n'est pas la vraie vie – il faut parfois se donner des piqûres de rappel pour ne pas franchir la ligne. Le meilleur moyen, c'est de ne pas avoir à gérer des complications. On va éviter de s'apporter des problèmes qui [...] pourraient ne pas exister, donc on trouve des solutions pour expliquer pourquoi tout le monde a des petites amies et nous, non.

Sandra : Nouer des liens pendant sa mission, c'est possible. Avoir une relation plus sérieuse, ou une relation sexuelle, sans arrière-pensée, sans objectif autre que le plaisir, c'est déjà une compromission de la couverture, de l'agent, de sa sécurité et de la sécurité de la mission, donc c'est une limite à ne pas dépasser [...]. J'ai eu une relation un peu plus compliquée parce qu'une de mes sources s'est s'enflammée un petit peu vis-à-vis de moi. Je l'ai éconduit délicatement, mais j'étais très embêtée car ça veut dire que c'est une source que j'ai mal traitée, donc je l'ai plutôt vécu comme un échec…

Grégoire : La règle est d'éviter toutes relations à caractère personnel et encore plus intime. C'est l'éthique de la DGSE. Mais dans ce domaine-là, j'ai une position à contre-courant. Mon leitmotiv a toujours été de dire à mes OT de vous immerger totalement dans le milieu dans lequel vous êtes. Si ça passe par avoir une liaison intime avec quelqu'un d'autre, vous le gérez ; si ça passe par le fait de fumer un pétard le soir, de temps en temps, vous le gérez ; pour moi, ce n'est pas rédhibitoire.

Fabrice : La règle était tacite : si vous avez des relations intimes, c'est votre problème, mais il est évident […] qu'il ne faut pas qu'elles aient connaissance de la seconde vie… Et c'est tout le risque : plus on va dans l'intimité, plus on a envie de partager. C'est un risque personnel, évident, et, par pudibonderie ou par frilosité, ce n'est pas un risque très identifié et très détaillé, et très pris en compte au départ. En fait, on nous jette un peu dans le bain, et on nous parle de communication, de sécurité, de ceci, de cela, mais ça, c'est mis un peu de travers. Comme si les hommes et les femmes […] clandestins étaient des anges dénués de sexe, alors que par définition, quand on est clandestin, la dose d'adrénaline est très supérieure à ce qu'on a globalement dans le quotidien lorsqu'on prend le métro parisien…

Patrick : Les failles font partie des risques inhérents à la vie de clandestin. Il peut y avoir d'autres relations, liées à l'argent, à d'autres choses… Je pense que le gros avantage d'un agent clandestin, c'est qu'on lui fait confiance, parce qu'on est sûr de lui au départ, parce qu'on l'a testé.

Après, cette confiance peut être trahie, et à nous de savoir évaluer et jauger le risque de trahison [...].

Victor : La difficulté, c'est qu'une fois qu'on a déconseillé [aux] gens de le faire, s'ils le font, ils se sentent un peu en faute. Donc, il y a ceux qui ne disent rien et si ça se passe bien, personne n'est au courant. Il y a ceux qui s'aperçoivent qu'ils ont peut-être un peu merdé, donc ils vont en parler, car ils se disent que, peut-être, ça engage la sécurité de la mission, donc la leur, donc celle d'autres personnes. Et puis, il y a ceux qui ne gèrent plus rien du tout, et à qui ça fait commettre des fautes. Là, ça remonte plus ou moins rapidement au service, et forcément, ça ne se passe pas bien...

Grégoire : J'ai été confronté à des cas où un OT pouvait se retrouver dans une situation difficile parce qu'on avait su par une indiscrétion qu'il avait une liaison avec une personne locale. J'ai dû monter au créneau, en disant qu'annuler une mission qui fonctionne bien, parce qu'il y a eu soi-disant une erreur de comportement, que je ne considère pas, moi, comme une erreur, ça serait aberrant et ça mettrait encore plus en danger nos OT car on ne peut pas plier une structure du jour au lendemain, sans raison.

JCN : Cela lui a coûté cher, à l'OT en question ?

Grégoire : Ça lui a coûté en termes de carrière, oui.

JCN : Ça fait donc quand même partie de ce qui est considéré à la DGSE comme une faute.

Grégoire : Absolument. En tout cas, pour les autorités. Mais pas pour moi.

Fabrice : C'est arrivé plusieurs fois, ce cas où des [OT] ont rencontré des gens sur le terrain et ont dit : « Bon, j'arrête, parce que je ne peux pas vivre cette vie clandestine avec ma future épouse, et donc il faut que je me mette dans une seule existence, et rompre avec cette schizophrénie. » J'ai au moins deux cas de figure où ils ont arrêté leur travail de clandestin parce que, finalement, ce n'était pas compatible avec les personnes qu'ils avaient rencontrées sur place. De toute façon, notre service de sécurité interne était perturbé par cette situation, donc ça arrangeait tout le monde.

Hervé : Je pense que la moralité du personnel est à l'image de la société dans laquelle on vit [...]. Tout dépend [de l'endroit] où l'État place la barrière de la moralité au regard de l'intérêt supérieur de la Nation. En tout cas, en France, on est dans un pays démocratique, et je pense que les pays démocratiques qui utilisent les clandestins les utilisent dans un mode assez similaire au nôtre [...]. Je suis moins catégorique sur ce que peuvent faire par exemple les Russes, mais on le voit aussi avec les mouvements terroristes qui utilisent des techniques assez semblables à celles des clandestins.

Patrick : Nous, on n'est pas là non plus pour donner des leçons de morale. Je ne me sens pas l'âme d'un père de famille ou d'un aumônier. Je considère que la formation est telle dans les services que tout a été déjà vu de ce côté-là. On n'a pas de conseils à donner, ça fait partie de l'essence même de l'agent clandestin d'avoir un comportement adapté à sa mission. Donc, on laisse tomber tout l'aspect moralité et, en revanche, on s'assure que la mission est bien assimilée et que les points qui sont demandés seront bien étudiés et transmis par l'agent.

Ensuite, sur le terrain, on est seul, livré à soi-même, c'est pour ça que la sélection est importante car les tentations existent.

Sandra : La moralité est propre à chacun. Chacun respecte les valeurs qu'il se donne, mais c'est d'abord une question de sécurité pour la mission. Il faut connaître les limites, et savoir où s'arrêter pour ne pas griller la couverture. Donc, on dose, on essaye certaines choses…

Hervé : Je pense qu'il y a beaucoup de fantasmes là-dessus. Dans les relations professionnelles, vous n'êtes pas obligé de franchir la moralité en permanence. Il n'y a pas une seule bonne solution, il y en a de multiples, certaines qui sont plus faciles que d'autres, certaines qui sont plus morales que d'autres. Après, c'est à chacun de voir où il place le curseur. La moralité pour moi, c'est un faux débat. Ceux qui invoquent ça pour franchir la ligne jaune, c'est souvent parce qu'ils en ont envie [*Hervé sourit*]… En tout cas, il n'y a pas de consignes, en disant que tous les moyens sont bons. Non, ce n'est pas vrai, tous les moyens ne sont pas bons. On est là pour recueillir du renseignement. On n'est pas là pour forcer quelqu'un à le donner. Au contraire, c'est vraiment à l'antithèse du Service clandestin qui agit par la ruse. Et la ruse est souvent intellectuelle. Elle ne passe pas par le sexe, ou par la contrainte.

JCN : Quelles sont les ficelles utilisées pour obtenir du renseignement ?

Daniel : La première qualité pour un officier traitant, ça va être l'empathie, c'est-à-dire attirer la confiance, que les gens aient envie de discuter, qu'il y ait un échange.

Vincent : Le traitement de sources humaines oblige à comprendre l'autre. On ne peut pas juste lui imposer sa volonté. Il faut parler, manger, travailler avec lui.

Daniel : Les Anglo-Saxons ont une terminologie bien connue : le MICE.

Norman : M comme *money*. La source, on la recrute, et on la rémunère, c'est un des facteurs de motivation [...]. La plupart des sources sont rémunérées, pour les tenir, si j'ose dire un peu trivialement, pour les fidéliser.

Michel : Il n'y a pas une somme qui part d'un OT vers une source, normalement, sans que ça soit répertorié à la centrale par un compte rendu, et normalement l'OT doit faire signer un reçu. Le reçu peut évoquer une raison bidon, mais il doit y avoir un reçu. Dans certains cas extrêmes, si la source est vraiment très importante, et refuse, on peut s'en affranchir, mais c'est très mal vu. L'argent est incontournable, quoi qu'on en dise. Il faut bien penser que, dans beaucoup de pays où nous opérons, les gens ont un niveau de vie de 20 dollars par mois.

Daniel : L'argent, ça attire toujours maintenant il faut éviter de faire de votre source, pardonnez-moi l'expression, mais un bon fonctionnaire. Parce que le renseignement sera forcément moins bon, il va s'habituer, et être enchanté de récupérer de façon régulière de l'argent, mais le renseignement risque d'être de moins bonne qualité. Si le renseignement est bon, on paye, s'il est moins bon, on paye moins ou on ne paye pas.

Norman : I comme *Ideology* [...]. On peut revenir à la guerre froide où un certain nombre de Soviétiques pouvaient collaborer avec le service par idéologie. On a trouvé ça aussi en Afghanistan lorsque certaines sources collaboraient avec le service, n'étant pas tout à fait en harmonie avec, par exemple, les Taliban.

Daniel : L'idéologie, c'est parfait, aujourd'hui, par exemple lors du recrutement d'un certain nombre de jeunes djihadistes par l'État islamique. Il ne se fait pas à l'argent, il ne se fait pas à la compromission, il se fait à l'idéologie. Nous, c'est plus compliqué. Il y a le patriotisme, mais à partir du moment où on travaille en dehors des frontières, on va travailler sur des sources étrangères, donc la notion de patriotisme n'est pas forcément valable.

Vincent : Il y a des gens qui admirent la France, car elle est démocratique, la place des femmes est réelle. Par exemple, au Pakistan, tous les officiers sont fans de Napoléon. Pourquoi Napoléon ? Si vous vous souvenez, vers la fin de l'Empire, il y a un certain nombre d'officiers français qui ont rejoint cette zone.

Michel : Nous avions un atout par rapport aux Américains : ils n'étaient pas aimés dans beaucoup de pays pour différentes raisons, alors que les Français avaient une bonne réputation...

Norman : C comme *Compromission*. C'est un vecteur qui est très peu utilisé, voire jamais, par le service. Moi, on m'aurait demandé de le faire, ça ne m'aurait pas gêné du tout. On sert, [il] n'y a pas une question de sens moral, mais ce ne sont pas des pratiques courantes dans notre service. [C']était par contre très utilisé par les services soviétiques ou de l'Europe de l'Est [...]. Les nanas dans le lit, c'était assez courant. J'ai eu un cas avec un de mes chefs de poste qui s'est retrouvé effectivement en tentative de corruption par un service adverse à partir d'une femme avec laquelle il a eu une relation. J'étais passé en inspection peu de temps avant et je n'avais rien remarqué [...]. Il s'est fait virer du service.

Daniel : La compromission, forcer quelqu'un, l'amener en zone d'inconfort, ça peut passer une fois. Dans la durée, ça ne passera pas.

Norman : E comme *Ego* [...]. Beaucoup de sources sont flattées de travailler avec un service de renseignement.

Daniel : Mettre en avant quelqu'un, rendre hommage à ses qualités, à l'information qu'il vous donne, oui, ça marche aussi, mais ça revient à l'empathie, c'est mettre en confiance vos sources.

JCN : *Le MICE englobe-t-il vraiment toutes les approches possibles d'une source par n'importe quel officier traitant ?*

Michel : Toutes les affaires de MICE, qui sont très anglo-saxonnes, ça me laisse très perplexe. Pour moi, c'est avant tout un contact humain, du savoir-faire humain et du bon sens paysan. Plus important que le MICE, c'est le travail de détermination : quelle est la cible à recruter ? C'est là que ça se joue. Si vous avez bien identifié l'endroit où il faut aller chercher, et le profil de la personne qu'il faut trouver, vous avez déjà fait 50 % du travail.

Norman : Les motivations sont souvent imbriquées, complétées les unes avec les autres et puis aussi, il y a l'idéal pour certains. Lorsqu'il y avait l'Europe de l'Est, l'idéal de la chute du communisme. Il y a aussi, pour certains, le goût de l'action, de l'aventure...

Fabrice : Personnellement, ce que j'ai préféré utiliser, c'est l'argent et l'ego. D'abord l'ego, parce qu'en fait la plupart des gens adorent parler d'eux-mêmes, montrer à quel point ils sont brillants, à quel point ils ont une carrière brillante dans l'administration ou n'importe où dans la société, même dans les groupes djihadistes... Donc, il faut jouer sur l'égocentrisme humain, et après, il faut alimenter avec de l'argent, parce qu'une fois que vous avez ferré la personne avec de l'argent, elle prend l'habitude. La première fois, ça peut être un peu surprenant, un peu difficile, comme toutes les premières fois. Et après, finalement, elle s'y habituera et ne se prendra pas [pour] un traître potentiel si vous avez su jouer sur l'ego, et si vous lui avez donné un prétexte pour ne pas croire qu'elle était un traître.

Sandra : Après, quand on est officier clandestin, et qu'on manipule des sources, on les manipule de façon complètement inconsciente[1]. Il faut que ce soit plus subtil, sinon c'est déjà se faire découvrir.

Fabrice : Si vous êtes un diplomate français sous couverture diplomatique, la personne que vous avez en face de vous sait que vous êtes diplomate. Elle se doute bien que vous faites partie du service, sinon vous ne lui poseriez pas des questions sur son programme nucléaire. Si elle donne des infos, elle sait qu'elle trahit parce que c'est officiel, quasi officiel. Si vous êtes clandestin [en revanche], vous pouvez lui raconter une belle histoire : « Mais non, ce n'est pas pour ça, c'est parce que j'ai besoin de ça, tu comprends, on est devenus amis, en tout cas proches, c'est juste un petit rapport, mais tout travail méritant salaire, je te donne un peu d'argent. » C'est la même logique, sauf que lui se sera créé toute une mythologie comme quoi il n'est pas un traître. Sauf qu'au fur

1. « Inconscient » : dans le jargon des officiers de renseignement, l'adjectif désigne tout individu de leur entourage ignorant leur appartenance à la DGSE.

et à mesure, il prendra l'habitude de donner de l'info contre de l'argent…

Hervé : Le MICE, c'est très pratique, c'est un terme fourre-tout, mais ce n'est jamais aussi simple. Le MICE peut très bien s'appliquer quand vous avez quelqu'un qui va accepter de vous livrer du renseignement en toute connaissance de cause. Le Service clandestin, une de ses spécificités, c'est [que] vous allez amener des gens à collaborer avec vous sans qu'ils ne sachent que vous êtes un représentant des services français.

V

Aux portes de la clandestinité

Entrer à la DGSE est une chose, s'orienter vers la clandestinité en est une autre. Tout le personnel de la DGSE n'utilise pas des méthodes clandestines au quotidien. Et tous les clandestins n'appartiennent pas au service dit clandestin... : le Service action, la Direction technique, la Direction du renseignement y ont également recours. Il s'impose donc de définir de quelle « clandestinité » il s'agit. Le Larousse *a dû être écrit par la DGSE. Il donne en effet pour première définition du mot « clandestin » : « qui se fait en secret »... L'agent clandestin est un agent secret : voilà qui n'arrange pas nos affaires ! Pas plus la deuxième définition du dictionnaire : « qui est en contravention avec les lois et les règlements ». Le personnel clandestin de la DGSE serait donc dans l'illégalité ? Dans ce cas, il faudrait déplacer d'urgence la caserne Mortier à Fleury-Mérogis... L'officier de renseignement n'est évidemment pas illégal en France, mais à l'étranger ? Tout cela appelle encore quelques éclaircissements.*

JCN : Nous avons évoqué votre entrée à la DGSE. Venons-en maintenant au « Service clandestin ». Pourriez-vous nous confirmer qu'il ne porte pas ce nom, et qu'il existe vraiment ?

Hervé : Il existe vraiment et il ne porte pas ce nom.

JCN : Et vous ne souhaitez pas donner le vrai ?

Hervé : Non, je ne le souhaite pas.

François : Quand je passe les tests de la sélection [de la DGSE], je n'ai aucune connaissance du Service clandestin. Je sais qu'il existe un milieu lié au renseignement pur et je sais qu'il existe un domaine lié à l'opération, le Service action, qui dépend d'une direction particulière qui est la direction des opérations. Mais je n'ai aucun élément concernant ce service, qui est un tout jeune service, dont personne ne parle, et qui ne figure à l'époque dans aucun des organigrammes que l'on peut se procurer.

Georges : Parfois, son appellation oriente des gens en interne vers de mauvaises directions. Ça nous est arrivé de recevoir des coups de fil d'une autre direction ne sachant pas du tout à qui ils avaient affaire. Il est identifié, mais son emploi est connu des seuls décideurs que sont les grands directeurs de la DGSE. Aujourd'hui même, le mode de recrutement, le type d'opération ainsi que la manière dont le directeur général l'emploie restent connus d'un nombre extrêmement restreint de personnels au sein de la DGSE. On sait en fait très peu de choses [...] si ce n'est que les gens mettent énormément de temps à acquérir une couverture et une légitimité qui leur permet d'infiltrer des mouvements, des organisations et d'être légitimes au bout de quelques années.

Fabrice : Le Service clandestin n'est jamais valorisé, alors que son grand cousin, le Service action, est lui totalement admis et valorisé. Et ça nous va très bien. On vit dans l'ombre, mais on est faits pour ça.

François : La première raison, c'est que les opérations que ce service mène sont complètement clandestines, c'est-à-dire qu'elles mettent en œuvre des personnels qui ne doivent jamais apparaître et ne jamais permettre de retracer [leur] commanditaire, à savoir l'État, et donc la DGSE. La deuxième, c'est parce qu'il est tout nouveau et qu'il a la volonté d'être protégé des feux de la pub.

Fabrice : Il excite les passions parce que, par définition, on peut se dire qu'il cache plein de choses [...]. Et de fait, il cache pas mal de choses...

JCN : *Pourriez-vous nous expliquer pourquoi la DGSE est si frileuse à l'idée de parler de clandestinité ?*

Fabrice : Foncièrement, parce que c'est illégal au regard des lois des pays dans lesquels nous intervenons ! Comme c'est illégal *a priori*, on n'a pas vocation à en faire état...

Patrick : Je ne me suis jamais senti dans la peau d'un illégal, mais dans celle de quelqu'un qui accomplissait une mission pour son pays. Je me sentais au contraire investi d'une mission légale, même si je pouvais utiliser un caractère illégal dans la forme. Dans ma tête, c'était très clair.

Hervé : La clandestinité est sans doute l'une des techniques les plus difficiles à mettre en œuvre [...]. C'est un équilibre instable et il ne faut pas grand-chose pour la faire tomber soit d'un côté, soit de l'autre. Notamment, parler en détail des techniques, même si pour la plupart elles sont connues à travers le cinéma. Ce qui est délicat, c'est l'assemblage de ces techniques et la construction d'un système qui va permettre dans la durée de maintenir une clandestinité sur ses agents et sur les actions qu'ils peuvent mener à l'étranger.

Fabrice : L'espionnage, pour reprendre le terme galvaudé – disons le renseignement si on emploie notre terme – fait partie du jeu normal des Nations. On s'espionne les uns et les autres, ça fait partie du jeu. Mais globalement, ce sont des gens qui sont en ambassade, sous couverture diplomatique, donc les services savent à peu près qui sont les espions, qui sont les vrais diplomates. Le clandestin, par essence, on ne sait pas du tout où il est, et les services détestent qu'il se trame potentiellement quelque chose dans leur dos. Ne pas savoir, ça génère vraiment de l'intranquillité. Dernière raison : seuls les grands services ont des services clandestins structurés, et donc en faire trop état serait potentiellement contre-productif.

JCN : À votre connaissance, combien de services au monde pratiquent ce genre de clandestinité ?

Fabrice : En fait, il n'y a que les services de 1re division. Parce que c'est un savoir très complexe, et qui se perd assez vite. Les meilleurs, pour moi, ce sont les Russes. Les Anglais [ensuite] parce qu'ils font ça depuis des centaines d'années pour gérer leur empire. Les Américains, qui avaient un peu perdu, mais qui sont revenus, et qui ont au moins l'avantage des moyens. Il y a les Chinois sans doute, mais ils ont une problématique de diaspora : un Chinois a tendance à recruter un Chinois. Sans doute les Israéliens…

JCN : *En France, le Service clandestin est créé en 1989 à l'instigation du général Jean Heinrich, directeur des opérations, qui veut un outil réservé aux missions les plus pointues. Quelques années plus tard, Patrick en prend le commandement en provenance du Service action…*

Patrick : Le Service clandestin, comme on l'appelle, est un service qui a été créé à l'organisation de la direction des opérations en vue de développer un savoir-faire dans le renseignement de crise. Qu'est-ce qu'un renseignement de crise ? C'est aller dans des pays en situation compliquée sur le plan politique, économique ou quel qu'il soit, et aller de manière clandestine récupérer du renseignement au profit de l'État.

Georges : Il s'agit véritablement, dans sa vocation première, d'intervenir là où les postes officiels de la DGSE ne sont pas.

Patrick : Dans ce contexte, les savoir-faire du Service action étaient tout à fait appropriés pour cette nouvelle mission dédiée à la DGSE.

JCN : *Les missions attribuées au Service clandestin n'étaient donc pas accomplies par le Service action ?*

Patrick : Ces missions étaient déjà faites par ailleurs, à la fois par la Direction du renseignement dans un certain contexte, et par le Service action dans un autre. L'idée était plutôt de centraliser à la fois le concept de renseignement, qui est quand même propre à la Direction du renseignement, et les savoir-faire propres du Service action dans l'action clandestine.

JCN : *Comment définiriez-vous une mission clandestine ? Quelle est sa spécificité ?*

Patrick : La spécificité du clandestin, c'est d'aller chercher du renseignement sans apparaître comme un agent du gouvernement français, donc en ayant un prétexte professionnel qui démarque totalement la France [...].

Daniel : La clandestinité, pour essayer de la définir simplement, c'est un mode opératoire qui va permettre de préserver, de cacher les activités de renseignement et les actions d'un service spécial. C'est-à-dire qu'à aucun moment, on ne peut dire que cette action d'entrave, ou ce renseignement, a été obtenu par un service. La clandestinité s'appuie sur légende et couverture. La légende consiste à se créer une nouvelle vie et la couverture, à se créer un métier qui permet de se déplacer et de répondre aux besoins en matière de collecte de renseignements.

Georges : Si je pouvais faire un parallèle, je dirais que les couvertures, les légendes du SA sont souvent utilisées sur le court terme[1], pour franchir une frontière, pour pouvoir légitimer une présence à un instant T, pour suivre une rébellion, pour former un mouvement insurrectionnel, contrairement au Service clandestin qui met plusieurs années à infiltrer ses agents pour que, le jour où, par exemple, ils ont à remplir leur mission de renseignement, ils soient parfaitement légitimes dans leur environnement.

---

1. Précisons seulement que l'usage de la clandestinité varie en fonction des périodes. Dans les années 1970-1980, le Service action a pratiqué les couvertures sur le long cours. L'usage s'en est un peu perdu dans les années 1990-2000, avec la création du Service clandestin, mais aussi la tendance générale des services de renseignement occidentaux à envoyer moins de personnel sur le terrain. Une tendance quelque peu inversée depuis.

VI

« Vous ne m'avez rien dit ! »

La DGSE est faite pour les dilemmes. La montée de certains périls dans le monde, et le boom technologique phénoménal qui est censé permettre de les combattre, obligent depuis plusieurs années à augmenter les effectifs. Mais comment attirer les meilleures recrues sans, de prime abord, rien pouvoir leur dire de ce qui les attend… ? Un peu comme si un magnat russe voulait enrôler les meilleurs joueurs de la planète, mais sans leur annoncer pour quel sport. C'est encore plus vrai avec les services de la DGSE qui font de la clandestinité leur ressort principal : toute atteinte au secret y est à proscrire, même avec du personnel déjà au sein de l'institution.

JCN : Comment un Service clandestin, qui a la plus grande discrétion pour ADN, peut-il donc se dévoiler pour attirer à lui des recrues ?

Patrick : J'ai pris un service qui était en plein développement – d'ailleurs c'est ce qui m'a intéressé, quitter le Service action pour créer quelque chose. Donc, le recrutement s'est fait à la base, soit avec des anciens du Service action qui sont venus avec moi, soit [avec] des jeunes

OT de la DGSE pour qui nous avons fait une présentation de ce que nous voyions, nous, du renseignement de crise et de ce que nous voulions développer. [Cela] s'est fait au coup par coup, de manière très sporadique. Il n'y avait pas un stage et cinq places réservées pour le Service clandestin. Ensuite, la sélection a été très sévère parce qu'à la différence d'un OT de la Direction du renseignement, qui est dans un bureau au début, qui va démarrer au milieu de ses collègues, apprendre le métier, l'OT du Service clandestin, lui, se retrouve tout de suite immergé dans l'action clandestine.

JCN : Que dites-vous aux éventuels candidats pour « vendre » le Service clandestin ?

Patrick : Je ne veux pas être arrogant dans ma réponse, surtout pas, mais on n'a pas à vendre. C'est plutôt eux qui ont à se vendre, à nous convaincre qu'ils veulent venir chez nous et qu'ils veulent vraiment faire du renseignement clandestin. [Car] c'est quelque chose qui demande beaucoup d'investissement personnel, et nous, on doit être convaincus que ce sont les bonnes personnes, parce qu'on prend des risques avec leur vie. Et on doit être sûrs de leur motivation.

Quand il quitte le commandement du Service clandestin, Patrick a considérablement développé ses activités, lui conférant une place à part entière dans l'organigramme de la DGSE. Quelques temps plus tard, Grégoire s'installe aux commandes, en provenance lui aussi du Service action. Il met en place un nouveau processus de sélection car, selon les souhaits de rationalisation du nouveau directeur des opérations, le général Champtiaux, le Service clandestin change de nature. L'effectif des officiers traitants va croître, même si ce constat peut être trompeur. Avec Patrick, le Service clandestin comptait en effet moins d'officiers traitants, mais plus d'agents, c'est-à-dire des personnes n'appartenant pas à la DGSE, mais collectant du renseignement, en général, contre rémunération. C'est ce qui lui a permis de se placer en de multiples points chauds de la planète. En quelque sorte, en accédant au commandement, Grégoire a charge de consolider, puis d'agrandir, une maison dont les fondations et les premiers étages ont été bâtis par Patrick, ainsi que par son prédécesseur.

Grégoire : Le DO[1], je le découvrirai plus tard, a déjà dans la tête d'en développer les capacités car il a conscience que le renseignement clandestin est […] un savoir-faire d'avenir. Préalablement, j'aurai beaucoup discuté avec [lui] car c'est lui qui aura décidé de cette impulsion en accord avec le directeur général. Il me demandera de réaliser un plan d'action pour la montée en puissance de ce service, d'essayer d'en estimer un volume définitif en termes d'effectif, d'évaluer un budget de fonctionnement. À partir de là, il me donne carte blanche dans tous les domaines […] – finance, administration, soutien, opérations. Je mettrai pratiquement trois ans pour arriver au format définitif.

JCN : Pour quel type de poste cherchez-vous à recruter ?

Grégoire : Il y a deux types d'emplois au sein de ce Service clandestin. Les chefs de mission, qui sont plutôt des militaires, avec une expérience opérationnelle, sont destinés à traiter les dossiers déjà existants, les missions

1. Directeur des opérations.

de contact avec des chefs de groupes armés ou de factions. Et les officiers traitants qui, eux, sont destinés aux missions strictement clandestines. Les premiers pourront, le cas échéant, être connus comme des agents de la DGSE par leurs interlocuteurs ou, en tout cas, une partie d'entre eux. Les seconds ne se dévoileront jamais. Deux profils totalement différents qui requièrent des qualités spécifiques. Le recrutement des chefs de mission se fait principalement chez les militaires qui sont déjà à la DGSE ou qui y entrent, [sur] des critères classiques de connaissance des théâtres d'opérations extérieures, d'habitudes de vie dans des conditions difficiles.

Patrick : L'intérêt du Service clandestin, c'est qu'il est à la frontière de deux origines différentes : les militaires du Service action et le savoir-faire du milieu civil. Ce creuset est excellent parce que c'est un mariage : chacun apporte à l'autre des connaissances différentes et ça donne plus de force dans la formation des officiers du Service clandestin.

Fabrice : Au début des années 1990, des masses de civils sont entrées, bien sûr issues essentiellement des sciences politiques. Elles vont participer à changer l'ADN du service. Ces jeunes civils vont monter dans les échelons et donner une nouvelle façon de travailler, plus adaptée au monde d'aujourd'hui parce que la chute de l'Union soviétique a totalement rebattu les cartes. C'est tellement flou, tellement multipolaire que le renseignement en tant que tel doit donner à l'exécutif des guides, des informations pour prendre des décisions. Ce service a été très longtemps militarisé, en tout cas dans les hauts échelons, et ça donnait une culture relativement homogène. Trop homogène. Au contraire, il faut donner des points de vue très différents, il faut avoir des cultures très différentes.

Et en un sens, il faut accepter d'être l'avocat du diable et de porter une voix différente de ce qu'auraient envie d'entendre nos maîtres politiques.

Norman : Bien souvent, les militaires ne s'adaptent pas aussi facilement que les civils sur le terrain.

François : Le métier de renseignement n'est pas l'apanage militaire, bien au contraire. Les recrutements à la DGSE sont de deux tiers de civils pour un tiers de militaires. Mais le fait d'avoir une formation militaire est à mon sens un atout supplémentaire puisqu'il apporte toute la rigueur nécessaire au processus, à la méthode de raisonnement. Il y a une chose qui est très bien faite dans nos armées, c'est la méthode de raisonnement tactique. C'est une méthode de raisonnement militaire, mais elle est [surtout] managériale. Elle permet de prendre en compte l'état des lieux, la menace, le terrain, les contraintes et, en fonction de tous ces paramètres, cette méthode amène à prendre la bonne décision. Je n'ai pas cessé de l'employer.

Grégoire : Ce qui prévaut pour le recrutement d'un OT, c'est la facilité [de] pouvoir construire une légende. D'une manière synthétique, il est plus simple de construire une légende pour quelqu'un qui a 26-27 ans, et qui sort d'études supérieures, que pour quelqu'un qui a 30-35 ans, un passé militaire bien étoffé. Pour les OT, on va donc chercher des jeunes qui ont le niveau d'études suffisant, mais généralement c'est le cas puisque [c'est] le réservoir des gens qui ont présenté le concours de la DGSE. On va chercher des gens qui ont déjà une expérience de l'étranger car ils sont issus d'une famille qui a vécu en expatriation pendant des années. Et on va chercher des gens qui ont des savoir-faire ou des expériences exploitables pour le service. Il y a [par exemple] des jeunes en marge de leurs études qui travaillent comme journalistes à la petite semaine. C'est typiquement le genre d'expériences qui nous intéresse. D'autres qui sont investis dans l'humanitaire, ou tout simplement ils ont des savoir-faire techniques – je vais prendre l'exemple de quelqu'un qui est passionné de photo.

JCN : Cela veut-il dire que vous avez accès à tous les dossiers des candidats à la DGSE et que vous avez un droit de préemption ?

Grégoire : Absolument. J'ai la chance, grâce à l'appui du DO, de pouvoir consulter le dossier des candidats qui ont été reçus au concours de la DGSE. Tout ça se passe au mois de mai-juin, pour des gens qui vont intégrer la DGSE en septembre. En mai-juin, lorsque les résultats officiels du concours sont dévoilés, j'ai accès aux dossiers des candidats reçus, et je fais ma sélection. Généralement, ça représente une trentaine de candidats. Je fais une sélection de trois, quatre, cinq profils qui m'intéressent. Le deal, c'est que personne n'est au courant, à part le DO, le DG et moi. Je propose ces profils au DO et je mets en place à cette époque-là une petite période d'évaluation, de quinze jours à trois semaines, qui va se dérouler dans Paris, pendant l'été, avant que les gens n'intègrent le stage long, qui est une formation initiale pour tous ceux qui intègrent la DGSE [et] qui dure sept à huit mois.

JCN : Une fois que vous avez identifié un dossier qui vous semble pertinent, comment essayez-vous de l'appâter ?

Grégoire : Je contacte directement les candidats préemptés. Je les fais venir dans un bureau anonyme de la DGSE, je les questionne, je leur demande leurs motivations pour passer le concours de la DGSE.

Patrick : Je pense que tous les chefs de Service clandestin ont un feeling différent, et c'est ce qui fait la force d'un service comme celui-là : chacun a sa propre vision et chacun fait évoluer les choses en fonction de son propre feeling, tout en respectant le contexte réglementaire de la DGSE. Moi, je recrutais des gens que je sentais vraiment chevillés à l'envie de l'action. Je le sentais par des questions sur l'envie de découvrir d'autres choses, de voyager, de vouloir sortir de leur coquille, des gens qui s'embêtaient un peu…

JCN : *Comment le Service clandestin est-il venu à vous ?*

Hervé : C'est un peu un pas de danse. On vous fait des approches ; si vous y répondez, on poursuit, si vous n'y répondez pas, le service passe à autre chose. On n'est jamais forcés de venir au Service clandestin et en même temps, vous pouvez être volontaire, mais ce n'est pas pour ça que vous allez être choisi.

Georges : Compte tenu de la carrière militaire que j'ai eue, il était assez naturel que je sois affecté [en premier lieu] au Service action. J'y passe une demi-douzaine d'années, je suis employé sur un certain nombre d'opérations, jusqu'au jour où le Service clandestin me contacte et me propose un poste. Après réflexion, je n'hésite pas beaucoup parce que, pour un agent, travailler dans la clandestinité la plus totale, avec une couverture que je qualifierais de lourde, constitue vraiment un aboutissement.

Fabrice : Je suis allé voir quelqu'un dont je ne connaissais ni le nom ni le grade ni rien qui m'a dit : « Je ne peux rien vous dire, mais est-ce que ça vous intéresse ? » J'ai dit : « *A priori*, non, parce que je ne comprends rien à ce que vous me dites. » Et il me dit : « Très bien, merci vous êtes le bienvenu ! » Alors, pourquoi il m'a choisi, vu que je lui avais dit non, je ne sais pas… J'avais eu une activité avant [la DGSE]. Pour différentes raisons, ça les intéressait. Le jour de la rentrée, il y a trente-neuf dossiers jaunes, un dossier rouge. Je lève la main : pourquoi, moi, j'ai un dossier rouge ? « Parce que vous, vous êtes déjà préempté ! » Sans que je l'aie demandé, je bifurquais dans cette voie du Service clandestin, contre mon gré.

François : J'avais la chance à l'époque d'avoir un certain nombre de camarades et d'amis qui travaillaient déjà au sein du service. Dans le cadre de ces échanges, je m'étais livré sur ma volonté d'intégrer un domaine particulièrement opérationnel avec, en tête, le Service action. Tous m'ont répondu de la même manière : tu laisses faire, tu ne l'évoques pas. Si tu les intéresses, ils viendront à toi. Donc, le message était passé. Je sais que, grâce à mes contacts, mon dossier s'est retrouvé en haut de la pile, que mon passé militaire opérationnel a été mis en avant et c'est la raison pour laquelle, un jour, j'ai reçu un coup de fil me demandant de venir me présenter à Paris pour un entretien qui n'avait lieu ni dans la centrale ni dans un lieu lié à l'institution, en plein cœur de Paris. Ils ont commencé [à regarder] le pourquoi, le comment, ce qui pouvait m'intéresser…

Grégoire : Je leur demande quelles ont été leurs motivations pour rentrer à la DGSE, car ce n'est pas une démarche anodine. [Elles] peuvent être d'ordre patriotique simplement ou d'ordre philosophique, quelquefois, très rarement, [en raison] de traditions familiales. Mais en tout cas, moi, je ne fais que leur ouvrir l'esprit à l'éventualité de travailler dans un contexte qu'ils n'ont pas forcément imaginé.

Fabrice : J'étais plus jeune, j'étais aventurier et ça correspondait totalement à mes fantasmes, d'une certaine manière. Je n'avais pas un fantasme militaire, j'avais un fantasme de renseignement, à la John Le Carré ou à la Rudyard Kipling.

Hervé : J'étais analyste au départ, pur et simple, et donc cette proposition de rejoindre le Service clandestin, c'était vraiment une invitation à rencontrer des gens, voir si on avait une démarche commune et si je m'inscrivais à la fois dans les capacités qui étaient demandées, mais aussi dans l'état d'esprit qui est très particulier au sein du Service clandestin.

JCN : *Pour être bassement matériel, l'espoir d'un surcroît de rémunération peut-il faire partie des motivations des candidats ?*

Patrick : À ma connaissance, non. Ce serait même rédhibitoire à mes yeux. Quelqu'un qui vient là pour la gamelle n'a pas sa place dans un métier aussi noble que le nôtre. Un clandestin, c'est un agent de la DGSE, fonctionnaire de l'État, qui reçoit un traitement de fonctionnaire de l'État, ni plus ni moins.

Sandra : On est payés en fonction de son grade, de son statut et pas nécessairement de ce que l'on fait ou de comment on le fait. Après, oui, il y a un régime indemnitaire qui est spécifique à la DGSE, justement pour compenser les prises de risques, les contraintes que l'on fait peser sur les agents…

Patrick : Les primes correspondent à l'endroit du pays où on se rend, comme tout fonctionnaire de l'État. [C'est] le même niveau de prime qu'un fonctionnaire de l'État qui se rend dans le pays en question.

JCN : *Comment se poursuit l'entretien avec le candidat ?*

Grégoire : Au bout d'un moment, je leur demande si un travail opérationnel de clandestin les intéresserait. Or, ce sont des gens qui ne se sont pas du tout préparés à ça. Entrer à la DGSE, en particulier pour les gens qui ont le parcours classique, qui sortent de Sciences Po ou d'un DESS en relations internationales, c'est servir comme analyste à la Direction du renseignement, ensuite, éventuellement, partir en poste dans une ambassade pendant un an ou deux, puis revenir comme analyste, etc. Donc, je les mets un peu brutalement au pied du mur en évoquant directement avec eux la possibilité de travailler comme un agent clandestin, ce qui a pour effet de les ancrer dans une espèce de stupeur.

Hervé : Il m'a dit – c'est assez amusant : « Je ne peux pas te dire ce que tu vas y faire car, pour l'instant, tu n'es pas pris, mais je te promets que tu ne vas pas t'ennuyer, que c'est risqué, que tu vas vivre ce pourquoi tu es venu à la DGSE, c'est-à-dire faire le vrai métier d'agent de terrain. » C'est à peu près tout ce que je savais à l'époque. Il ne m'a donné aucun exemple, ne m'a présenté personne, ne m'a pas dit où j'allais. Il m'a dit : « De toute façon, c'est toi qui décideras de tes missions la plupart de temps, c'est toi qui guideras tes pas, et en revanche, tu auras une confiance totale de la part de tes chefs. Tu as seulement deux limites : ne pas te faire prendre et être productif » – c'est-à-dire qu'on n'est pas là pour faire de l'art pour l'art, on est là pour apporter le renseignement déterminant, qui manque au service et qu'on ne peut pas obtenir autrement. Ça aussi, c'est un point qui me paraît important : la mission est belle, mais elle est très exigeante. On ne peut pas se contenter de faire ce que font les autres, car, sinon, le risque n'en vaut pas la peine. Donc beaucoup de risques, beaucoup d'engagements et en même temps l'obligation d'être très performant, c'est ce que je cherchais en rejoignant la DGSE.

Grégoire : Dans 80 à 90 % des cas, les candidats acceptent sans en savoir plus.

JCN : *Que disent ceux qui refusent ?*

Grégoire : Généralement, [ce] sont des gens honnêtes, qui disent : « Je ne me sens pas la capacité de mener ce type de travail, je préfère commencer sur des postes plus conventionnels, quitte ensuite à commencer à m'intéresser à ces filières-là si on m'en redonne l'opportunité. »

Sandra : Un jour, on m'appelle, on me dit : « Tiens, il y a quelqu'un qui veut te rencontrer pour te proposer un job. » Donc moi, oui, OK, pas de problèmes, je suis curieuse [...]. J'y suis allée, et là, le chef de l'unité clandestine me dit : « Voilà, je suis à la tête d'une unité qui fait des choses un peu spéciales. [...] Si ça vous intéresse, je vais vous faire rencontrer quelqu'un qui va vous en dire plus. » Je dis : « Oui, forcément, ça m'intéresse, vous ne m'avez rien dit ! » J'ai rencontré une autre agent clandestine qui arrêtait son activité. Du coup, on a eu un long échange toutes les deux, je n'ai même pas eu le temps de déjeuner [...]. Elle m'a conseillée d'y réfléchir. J'ai dit : « Ça tombe bien, ce soir, c'est vendredi, et je pars en vacances au ski. » Donc, une petite semaine à la montagne, et j'ai réfléchi... Et en rentrant, j'ai dit banco !

Hervé : Ça va paraître curieux, mais j'ai quasiment signé sans savoir ce que c'était. On connaît [seulement] les buts, on sait que ça va être un service où on joue sans filet, où on n'est pas dans la sécurité d'une couverture diplomatique et où on est envoyé tout seul à l'étranger, plutôt dans des zones de crise ou de précrise avec l'objectif de recueillir du renseignement, mais sans avoir de spécialités. En gros, du renseignement tous azimuts.

Grégoire : Pourquoi ils acceptent ? Parce qu'ils sont brutalement confrontés à une idée qu'ils n'avaient pas eue, à un avenir qu'ils ne s'étaient pas projeté. Ils comprennent de manière un peu brutale que, finalement, on leur demande de devenir un « espion » tel qu'ils ont pu l'imaginer à travers les lectures qu'ils ont pu avoir ou les films qu'ils ont pu voir. [...] Donc, il y a à la fois de la fascination et de l'attrait pour un monde qui par définition est mystérieux.

Fabrice : L'homme qui m'a recruté au sein du Service clandestin était un chef de bande, un leader naturel, et il aimait s'entourer de gens qui lui ressemblaient d'une certaine manière, qui étaient compatibles avec sa façon de voir l'« aventure » du renseignement. Et comme souvent les leaders de ce type-là, il adhère ou il n'adhère pas du tout à un type de personnalité. C'était vraiment une intuition personnelle. Il a misé sur moi. Ça a totalement changé mon existence.

VII

À l'improbable nul n'est tenu

Le candidat est dans la salle d'attente de la clandestinité. Mais sera-t-il admis à y pénétrer ? Comme partout, il y a ceux qui espèrent et il y a ceux qui ont. À l'encadrement de retenir les meilleurs – avec d'autant plus d'exigence qu'à la clé d'un éventuel échec dans leur carrière, ce n'est pas le chômage qui les attend, mais une crise internationale, la privation de liberté, voire la mort. Il est dès lors compréhensible que la sélection reste pour bonne part confidentielle. Comme l'explique Sandra, celui qui serait trop préparé à la batterie de tests qui l'attend prendrait un risque avec sa propre vie. Pour autant, le voile peut être légèrement soulevé sans rien compromettre. D'abord, parce que les techniques sont avant tout guidées par le bon sens. Ensuite, parce que la fiction, américaine comme toujours en la matière, s'est déjà longuement penchée sur ce mode de recrutement si singulier.

JCN : À quoi doivent s'attendre les candidats au Service clandestin ?

Grégoire : On commence par les convoquer dans des créneaux de dates qui leur conviennent. Comme cela se passe pendant les vacances scolaires, ils ont fini leur cycle d'études, ils sont donc disponibles. On les convoque à Paris, on leur loue un hôtel, sous leur nom bien sûr, et ensuite, on entre, pour une période de quinze jours à trois semaines, dans la partie évaluation du candidat. J'ai préalablement travaillé à [des] tests à travers mon expérience du SA qui [les] pratique, mais d'une autre manière, et aussi avec une des psychologues du service qui, pour les besoins de la cause, m'a été détachée. Les tests consistent en deux parties distinctes. Une première partie est simplement une évaluation psychologique, à travers des tests concoctés par la psy, en fonction des qualités que je souhaitais trouver chez des candidats, ou des défauts que je souhaitais à tout prix éviter. Ces tests durent deux à trois jours.

Daniel : Les tests psychologiques tournent autour d'entretiens, d'une batterie importante de tests écrits qui permettent de recouper votre profil, vos vulnérabilités éventuellement, vos atouts. Il ne s'agit pas d'avoir un profil totalement linéaire, c'est intéressant pour un clandestin d'avoir quelque chose, je dirais, d'un peu hétérogène.

Grégoire : À partir des résultats de ces tests, la psychologue va remplir une grille avec une graduation de 1 à 5 pour affiner le profil psychologique des candidats. Il est à noter que, pour la partie terrain, l'instructeur disposera de la même grille. Au terme de la sélection, on superpose[ra] les deux grilles, psychologique et tests terrain, pour déterminer le profil de chacun des candidats.

François : On vient voir à qui on a affaire, ce qu'il y a derrière l'individu. Est-ce qu'il est fragile ? Est-ce qu'il tient la route ? Est-ce que ce qu'il demande est une façade ? Est-ce que ça a un sens ? Est-ce que c'est construit [...] ? C'est comme un recrutement dans le domaine du privé, on vient voir pourquoi, tel jour, telle date, à tel endroit, telle personne veut telle chose.

JCN : *Quelles qualités sont recherchées en priorité ?*

Patrick : La conviction que la personne que l'on a en face de soi aura la capacité de travailler seule dans un contexte difficile. On le sent, on peut voir si quelqu'un a déjà en lui-même sa propre synergie, s'il n'a pas besoin de compter sur les autres. D'autant plus que quand on les reçoit, on est cash. On n'est pas là pour vendre quoi que ce soit, mais plus pour montrer les mauvais côtés, les risques que représente l'action clandestine. Ensuite, il y a un sujet très important, essentiel, qu'on appelle l'honnêteté intellectuelle. Ça se teste, on voit tout de suite si on a affaire à quelqu'un qui est en surrégime ou qui est trop renfermé sur [lui]-même, qui ne pourra pas s'exprimer. Cette capacité à se mouvoir et à être inaperçu – l'anti-James Bond, je dirais.

Norman : Dans l'action, on ne demande pas à l'OT de raconter sa vie, par contre quand on fait de la recherche au niveau du renseignement, et que l'on veut recruter des sources, il faut parler, s'exposer à la source, lui plaire, donc il faut être plutôt extraverti qu'introverti.

Grégoire : On ne veut pas de tricheurs, de menteurs, [mais] des gens qui ont une résistance solide au stress...

Patrick : Il faut être relax, calme et détendu. Quelqu'un qui est stressé, mégalo, qui se met la pression tout seul, ça ne nous intéresse pas.

JCN : *L'absence d'expérience dans un théâtre de crise est-elle un handicap ?*

Grégoire : Non. La mise en opération de l'OT se fera de manière progressive. On commencera par des missions « soft », dans des environnements à moindre risque, et graduellement, quand il prendra confiance en lui, on l'engagera dans des théâtres d'opération de plus en plus difficiles.

JCN : *Peut-on échouer aux tests psychologiques ?*

Grégoire : Ils ne sont pas rédhibitoires, sauf si on détecte une faille sérieuse, ce qui, de mémoire, n'est jamais arrivé.

JCN : *Quel programme est ensuite réservé aux candidats ?*

Grégoire : Une partie terrain, qui dure une douzaine de jours, où il s'agit là de les mettre en situation.

Hervé : Je n'ai fait que des choses auxquelles je ne m'attendais pas. Qui dit métier un peu exceptionnel dit test forcément exceptionnel. Le but est d'exacerber en un temps très court, en gros, tous les problèmes que vous pouvez rencontrer dans une mission classique. Cela permet de juger de la capacité d'un individu à raisonner, prendre des bonnes décisions sous pression, ou au contraire en l'absence de pression, donc de gérer la frustration aussi, ce qui est parfois aussi difficile que de gérer le stress. C'est vraiment une caisse de résonance. Les situations, tests, exercices, qu'on va vous proposer sont puissance 10 ce que vous allez vivre – ou peut-être jamais – dans une carrière complète d'agent.

Grégoire : L'objectif est d'évaluer ces qualités foncières qu'on a cru déceler chez le candidat, de les tester dans un environnement plus réaliste que simplement à travers des écrans et des tests. Et surtout, d'amener le candidat – c'est un petit peu le fil rouge de ces tests – à se transcender, à devenir l'espace d'un instant quelqu'un qu'il n'est pas dans la réalité. Ce qui est effectivement très difficile pour la majorité des candidats quel que soit le profil psychologique.

Hervé : C'est aussi un test pour moi, pour voir si ce qu'on me propose correspond à ce que je suis venu chercher. Je sais, parce qu'il y en a plusieurs avant moi qui ont fait les tests, que, parfois, au bout de quelques jours on s'aperçoit qu'on n'est pas fait pour ce job, et qu'il vaut mieux arrêter. C'est une décision parfois déchirante, mais courageuse, car on ne peut pas être en souffrance intellectuelle pendant quatre, cinq, six ans sur le terrain. Donc, le jeu doit être très clair et transparent dans un sens comme dans l'autre. Le test est là pour ça [...].

JCN : Comment se déroulent ces tests ?

Grégoire : Les tests de mise en situation se passent uniquement en France et généralement à Paris pour des raisons pratiques.

Georges : Un certain nombre ressemblent à ce qu'on peut voir dans le film *Spy Game*[1].

François : On me demande de prendre mes précautions et de poser une semaine de vacances de façon à ce que je sois disponible. On me dit que ce jour-là, il faudra

1. Réalisé par Tony Scott en 2001, il décrit en particulier le recrutement et la formation par la CIA du personnage joué par Brad Pitt, le rôle du recruteur étant incarné par Robert Redford.

que je monte à Paris avec une valise, et qu'il faut que je sois autonome pendant une semaine avec un costume, un jean et de quoi évoluer dans tous les milieux différents. Ce qui ne veut pas dire grand-chose quand on est militaire et qu'on a l'habitude de s'habiller en treillis ou en uniforme... À l'époque, je suis instructeur dans une des écoles de formation de l'armée de terre. Je pose ma semaine, j'en réfère simplement au médecin chef parce qu'il me fallait juste une visite médicale pour vérifier que j'étais apte à passer quelques tests. Ça a commencé un lundi matin du côté de la place de la République – traditionnel pour les gens qui ont l'habitude de travailler dans cette maison[1]. On me demande de venir avec deux signes distinctifs – un journal à la main droite, et je ne sais plus, ma valise à la main gauche – et de me trouver à cet endroit. Je suis abordé par quelqu'un que je ne connais pas et qui me dit qu'il va m'encadrer pendant une semaine. Vont s'enchaîner des petites séances de sensibilisation, de formation, pour évoquer quel est le but à obtenir de la séance qui va se dérouler dans les heures qui viennent.

Hervé : Concrètement, je n'en parlerai pas. Sinon, c'est dévoiler beaucoup de choses sur le métier et les pratiques. Il y a une obligation de respecter ce secret à la fois pour ceux qui y sont, mais aussi pour ceux qui ont échoué. Bien sûr, il y a quelques petites choses qui peuvent fuiter à droite ou à gauche, mais ce n'est pas pour autant que vous allez être capable de gérer un exercice. Ce n'est pas parce que vous avez vu un grand prix de formule 1 à la

1. La station République est la première d'importance sur la ligne de métro menant à proximité de la DGSE.

télé, et que vous savez conduire, que vous allez pouvoir tenir la distance !

Sandra : Moi, personnellement, je n'en avais pas spécialement entendu parler. Et je n'ai pas cherché à savoir ce qui m'attendait parce que je l'ai pris comme un jeu, pour voir ce dont j'étais capable.

Daniel : Les tests vont s'étaler sur une semaine, une semaine où vous dormez peu, vous ne savez pas ce que vous allez faire d'une journée sur l'autre. Vous êtes potentiellement suivi, observé, vous devez vous habituer à vivre aussi dans la solitude qui est, je dirais, le maître mot de la vie du clandestin. Il est loin de sa hiérarchie, donc il est amené à prendre des décisions seul – si possible les bonnes.

Grégoire : Concrètement, on va donner rendez-vous aux candidats à une terrasse de café, où il y a beaucoup de monde et on va lui dire : « Sur cette terrasse, il y a une cible qui nous intéresse, et on a besoin par exemple de le prendre en photo sous tous les angles. Donc on te demande d'attirer l'attention de cette terrasse pour que notre équipe puisse derrière prendre toutes les photos qu'elle veut. » C'est un peu le conditionnement du candidat. À partir de là, il va avoir dix, quinze minutes, pour imaginer un scénario qui va amener à capter l'attention du public de la terrasse, avec des limites. Il ne s'agit pas de déclencher une bagarre ou de faire un strip-tease, il s'agit de rester dans du soft. Donc, il y a un gros effort d'imagination de la part du candidat, une nécessité de réfléchir vite. Au signal, il doit passer à l'action.

Daniel : La diversion, c'est un mode opératoire qu'on utilise. Par exemple, on a besoin d'agir dans une pièce, de rentrer dans une maison, donc il faut qu'une personne, par un moyen ou par un autre, attire l'attention pour permettre à une équipe de rentrer, de faire ce qu'elle a à faire, éventuellement des photos ou poser un dispositif d'écoute, et repartir sans qu'elle soit détectée.

Sandra : L'exercice de diversion, je savais que j'allais y avoir droit. Je ne connaissais pas encore le scénario qu'on m'avait réservé, mais je ne suis pas d'une nature à attirer l'attention. Or, la diversion, c'est exactement l'inverse… Il s'agissait d'une diversion dans une grande station centrale de Paris, République. En fait, ma plus grande angoisse, c'était d'échouer parce que j'aurais croisé quelqu'un que je connais. On m'a donné un budget, en me demandant d'avoir un look de SDF, ou de personne pas très heureuse. Je suis allée aux fripes de Saint-Ouen, et le lendemain, on me dit : « Demain matin, tu viens avec ce costume-là, à telle heure, à République. » OK. Oui, mais quand même, République, j'ai soulevé que c'est une grande station, [que] je peux croiser du monde… « Tant pis, rendez-vous telle heure, avec tes frusques. » OK. [Le jour J, on me dit] : « La prochaine rame, faut que tu fasses une diversion type manche. » Sauf que, faire la manche dans le métro, il n'y a pas grand monde qui lève la tête et se détourne de son activité… Donc, j'ai joué une fille un peu éméchée, en hurlant, en parlant comme un charretier, pour réveiller les gens, qu'ils lèvent leur tête et la tournent vers moi.

JCN : Comment ont réagi les usagers ?

Sandra : Ça a très bien fonctionné ! J'ai même pu rembourser les 20 euros de l'État français qu'on m'avait donnés pour acheter des frusques…

Georges : La faculté d'adaptation, le respect d'une procédure de manière extrêmement rigoureuse sont appréciés. S'il s'agit de rester devant une porte cochère à un rendez-vous d'1 heure du matin à 2 h 15, et qu'on ne trouve pas la bonne raison pour justifier sa présence – qu'on appelle un prétexte –, on considère que la mission n'a pas été remplie car le contact peut arriver à 2 h 14. Il ne s'agit pas de dire : « J'ai froid, il pleut, je m'en vais. » À nous de construire les choses pour qu'on ait un peu de légitimité pour rester devant cette porte cochère. Alors, est-ce qu'on va se transformer en clochard ? C'est une option. Est-ce que le clochard est le meilleur moyen de pénétrer dans un hall d'immeuble du XVIe arrondissement ? J'en doute. Donc, la construction de ces prétextes fait partie du montage de la mission.

François : [Mon] premier test, pour un officier de l'armée française, peut paraître un peu déconcertant, et pourtant [il] va bien se passer. On me demande de me débrouiller, d'être vêtu en clochard. On me donne une somme d'argent, on me donne un endroit où je peux acquérir ce genre de vêtements, et un lieu de rendez-vous quelques heures plus tard, avec une cible à observer. Le but du jeu, c'est de savoir à quelle heure la cible arrive, ce qu'elle va faire pendant un laps de temps bien défini et de pouvoir rendre compte de ce qu'on appelle la nature, le volume et l'attitude. Je ne rentre pas trop mal dans mon rôle, je suis affalé par terre, ma bouteille de vin rouge à mes pieds, j'en ai renversé un petit peu sur moi. Et pendant que j'observe la cible passer devant moi, en train de mener ses activités, je vois un couple de personnes d'une quarantaine d'années qui s'approche, la femme s'apprête à me donner une pièce et son mari lui dit : « Non, laisse, il est suffisamment atteint… » Grande fierté, parce que, finalement, je donne l'illusion d'être un clochard !

Sandra : J'ai aussi bien rigolé pendant ces tests. Notamment le test maintenant mondialement connu, puisqu'il fait partie d'une des scènes de *Spy Game*, où on demande à Brad Pitt d'apparaître à la fenêtre d'un appartement avec un verre d'eau à la main. Je me suis crue dans les baskets de Brad Pitt ! Malheureusement pour moi, mon instructeur est loin de ressembler à Robert Redford, même si j'ai une petite pensée affective pour lui…

JCN : Vous souvenez-vous de la ficelle que vous avez utilisée pour parvenir à vos fins ?

Sandra : Oui, mais je la garde pour moi. Pas pour faire des cachotteries, mais l'enjeu des tests, ce n'est pas de s'y préparer, sinon on n'est pas naturel. Si les tests sont biaisés, le résultat sera faux, et c'est même faire peser un risque sur l'éventuel futur agent [qui ne connaîtra pas] ses faiblesses, ses forces.

JCN : Pouvez-vous au moins nous planter la scène ?

Sandra : Encore une fois, pas très loin de République, on s'est arrêtés à un arrêt de bus. Mon instructeur m'a montré un immeuble et m'a dit : « Tu vois le troisième étage ? » J'ai dit oui. « Eh bien, tu as quinze minutes pour apparaître à la fenêtre avec un verre d'eau. » Pourquoi un verre d'eau ? « Les quinze minutes ont commencé. » OK, OK, j'y vais…

Grégoire :… En sachant que la fenêtre en question peut être un appartement privé, des bureaux et qu'il n'y a pas de connivence de la part des personnes qui vivent ou travaillent dans cet endroit-là.

Sandra : Et j'y suis allée.

JCN : Au bout de quinze minutes ?

Sandra (sourire) : Non, beaucoup plus rapidement.

Grégoire : On voit très bien les candidats qui sont mal à l'aise, mais qui prennent sur eux pour faire face à l'exercice. Ou inversement, ceux qui ont un peu tendance à fanfaronner et à laisser croire que c'est facile pour eux. Ceux-là, je m'en méfie d'emblée. Je préfère quelqu'un qui est stressé. J'ai le souvenir d'un de mes OT à qui j'avais demandé de faire un petit numéro dans un bar très fréquenté, et qui, trois minutes avant le feu vert, transpirait à grosses gouttes alors qu'il faisait 5 degrés dehors. Je préfère ce genre de candidat, surtout si pendant la phase de l'exercice, il sait parfaitement se maîtriser…

François : Mon deuxième test ? Mon instructeur formateur me désigne au sein du quartier latin un bar très branché, bobo, BCBG, et il me dit : « Tu vas entrer et, à mon signal, tu ne sauras pas quand, mais à mon signal, tu dois retenir l'attention de la totalité des personnes pendant dix minutes de manière à ce que, moi, je puisse mener une action clandestine que tu n'as pas à connaître. » Là aussi, grand moment de réflexion ! Comment est-ce que je vais faire, comment je vais m'en sortir, qu'est-ce que je vais leur dire… ? Et le signal démarre. Instantanément, je demande au barman de baisser la sono, je lui dis que j'ai une annonce à faire et que j'aimerais bien m'adresser à la totalité du public, ce que spontanément il accepte. Ma première erreur, ça va être de monter sur le bar avec mes chaussures. Car, à peine ai-je demandé l'attention de l'assistance [que] je vois le vigile – 1 mètre 90, 90 kg, pas beaucoup d'intelligence dans le regard – et je vois que je vais descendre très rapidement du bar… C'est ce qu'il fait d'ailleurs, et il s'apprête à m'éjecter. Fort heureusement, j'arrive à lui expliquer que ça faisait partie d'un pari fait avec mes amis.

JCN : *Bilan du test ?*

François : L'effet n'a pas été obtenu puisque je n'ai pas réussi à capter l'attention de l'assistance pendant dix minutes. Par contre, ce qui a été apprécié par mon instructeur, c'est que j'ai eu une action réelle et que je ne sois pas resté tétanisé dans le bar. Ce qu'on attend d'un stagiaire, ce n'est pas la bonne solution, mais c'est une solution.

Sandra : Le débriefing des tests est vraiment fait à l'issue. On vous laisse dans l'ignorance totale de savoir si vous réagissez bien.

Hervé : On attend de voir comment vous allez innover, créer une nouvelle réponse à une situation donnée. Je pense qu'aucun de mes collègues n'a répondu de la même façon. On a chacun notre voie. C'est un peu de l'alpinisme : il y a la voie normale, classique, mais aussi plein de voies parallèles et ce qu'on attend de vous, c'est que vous ouvriez de nouvelles voies.

Grégoire : Quelques candidats sont restés tétanisés sous la pression, le stress… Malheureusement pour eux, c'est la fin de l'évaluation tout de suite.

JCN : *C'est éliminatoire ?*

Grégoire : C'est éliminatoire.

François : Le collègue qui a été testé en même temps que moi s'est vu octroyer un autre bar, un peu plus coloré, un peu spécial, dans le Marais… Il n'a pas su trouver soit les mots, soit les gestes nécessaires à la mise en œuvre de ce qu'il avait prévu de faire. Tant mieux pour moi…

JCN : Comment se prend la décision finale ?

Grégoire : La grille d'évaluation est la même pour la psy et pour l'instructeur terrain, mais il n'y a aucune concertation entre les deux. À l'issue, c'est moi qui récupère les deux grilles et qui les superpose en présence de la psy et de l'instructeur. Et on s'aperçoit dans 95 % des cas que les grilles se chevauchent parfaitement.

François : Il y a eu un débriefing où moi, et mon collègue, [nous] étions face à l'instructeur. [Il] nous a dit qu'on avait été très mauvais, que les résultats n'avaient pas été à la hauteur de leurs espérances, donc grand moment de solitude ! On se dit ça y est, c'est raté, c'est fini.

Grégoire : Je convoque [ensuite] les candidats individuellement. S'il y a eu un échec rédhibitoire, c'est le moment de [leur] dire qu'il faut se réorienter vers un autre service à la DGSE.

François : La surprise [fut] qu'il me dise que j'avais bien réussi les tests ! L'analyse sommaire visait à préparer l'un de nous deux à ne pas être reçu. J'ai été appelé une dizaine de jours plus tard alors que je me préparais à partir pour les grandes vacances d'été.

Hervé : J'ai eu connaissance de plusieurs cas d'échec, y compris de personnes qui avaient très bonne réputation dans le service. C'est un métier tellement particulier, la mission est tellement particulière, qu'on peut très bien être doué pour plein de choses, y compris pour faire du renseignement non clandestin, ou moins clandestin, et ne pas se sentir à l'aise dans ce que l'on va vous demander à la fois dans ces tests et plus tard dans ces missions. On peut très bien échouer dans ces tests, en gardant la tête haute, en se disant : « Je conserve ma réputation et je suis tout de même doué pour faire le grand métier du renseignement. »

Georges : Il y a des gens extrêmement compétents, qui font des missions très risquées, qui ne travaillent pas au Service clandestin. Donc ce n'est pas une question de meilleur ou de moins bien. Je pense qu'il y a une question d'opportunité, une question de profils.

Grégoire : Dans le cas de résultats positifs, je redemande au candidat s'il est toujours OK pour rejoindre mon service. Généralement, il me dit oui. Je lui impose là un certain nombre de règles. La première est de ne jamais évoquer le fait qu'il a été préempté et testé pour ce service. La deuxième est qu'il rejoigne le stage long de formation de huit mois et qu'il ne mentionne pas qu'il a déjà été sélectionné par un service. [Enfin], qu'il est tenu d'avoir d'excellents résultats à ce stage.

Georges : Il y a des années où il n'y a pas de recrutement car il n'y a pas de places. D'autres années où on va essayer de recruter des femmes répondant à un certain profil.

Victor : Il y a peu d'« agentes »… Peut-être que c'est un métier qui attire moins les femmes, je pense qu'il y a moins de candidates que de candidats. Et puis, ce style de vie est peut-être plus compliqué à gérer pour une femme…

Sandra : L'unité clandestine s'est montée avec quelques anciens du SA, donc avec du personnel militaire, avec un certain savoir-faire, mais aussi avec une silhouette ou des caractéristiques militaires assez visibles. Le but fut donc de recruter au moins une, voire plusieurs femmes, parce que les femmes peuvent permettre des couvertures qui ne sont pas toujours accessibles aux hommes, en tout cas, ça permet d'offrir un panel plus large.

JCN : Combien y avait-il de clandestines à votre époque[1] *?*
Sandra : Très, très, très, très, peu…

JCN : Quelles en sont les causes premières ?
Sandra : Déjà, il n'y avait pas beaucoup de femmes à la DGSE. Comme un peu partout dans la société française, [pour] tout ce qui concerne l'action, on a tout de suite l'idée d'y mettre un homme fort. Or, si je mémorise un peu le profil de mes collègues, je n'en vois pas beaucoup de ce profil-là ! Au contraire, l'objectif est plutôt, pas forcément de passer inaperçu, mais en tout cas, d'être dans le paysage sans attirer l'attention.
Hervé : Il y a un nivellement par l'action qui est extrêmement égalitaire. Là aussi, on est dans le cliché, mais l'OT clandestin n'a plus de genre. Pour moi, on choisit le service parce qu'on a les capacités, qu'on a envie de le faire, et qu'on peut y apporter quelque chose. Après, qu'on soit civil, militaire, jeune, vieux, femme ou homme, très franchement je ne suis pas sûr que ce soit un critère pertinent.
Sandra : Pour une fois, on va comparer avec le cinéma, mais à juste titre : n'importe quel acteur ne peut pas tenir n'importe quel rôle. Pour la clandestinité, c'est pareil : n'importe quel agent, fût-il excellent, ne pourra pas forcément tenir la couverture nécessaire pour telle mission. Donc, parfois, un profil féminin [a] une particularité intéressante, parfois c'est anecdotique…

1. Début des années 2000.

JCN : Ce besoin supérieur en femmes à votre époque correspond-il à un type de missions qui n'était pas exécuté auparavant ?

Sandra : Effectivement, on se focalisait sur le terrorisme, un terrorisme plutôt animé par une religion, l'islam. On se dit qu'une femme ne pourrait pas aller dans ce genre de pays pour obtenir du renseignement. [Or] le renseignement n'est pas uniquement détenu par des hommes, il peut être détenu par des femmes. Si c'est une source féminine, un homme ne pourra pas y avoir accès…

Hervé : On a une idée souvent très préconçue du périmètre d'action que peut avoir une femme dans [le monde musulman]. Au contraire, souvent, elle peut aller beaucoup plus loin que certains hommes.

Patrick : Le Service clandestin n'est pas macho. Nous avons eu d'excellentes « agentes » pour aller faire de la recherche de renseignements dans des situations très dangereuses. Elles apportent un plus très intéressant en termes de couverture professionnelle, de légende, de prise de contact dans certains milieux…

Grégoire : D'une manière générale, je vais être un peu vulgaire dans mes propos, mais une femme passe mieux dans le paysage qu'un homme. J'en ai moi-même fait l'expérience, il y a des années, dans un pays très turbulent, soumis régulièrement à des coups d'État. Je passais une partie de mon temps à l'aéroport de ce pays-là pour voir qui sortait de l'avion. Quand je voyais deux colosses descendre ensemble pour passer des vacances dans le pays, ça m'interrogeait un peu… Un couple, ou une femme seule, m'interrogeait moins.

[D'ailleurs], à cette période-là, il y [eut] un coup d'État fomenté par une équipe de mercenaires ayant eu l'intelligence d'envoyer en reconnaissance un couple plutôt que deux déménageurs… D'une manière plus foncière, je dirais que les femmes ont une manière de travailler différente, beaucoup plus basée sur l'instinct. Elles sentent mieux les environnements et elles y sont plus sensibles.

Georges : Cela m'est arrivé de travailler avec des femmes redoutablement efficaces dans leur travail d'approche et de traitement de sources. Elles vont réussir avec un jeu de séduction à gagner la confiance de leurs cibles, qu'elles soient masculines ou féminines.

Fabrice : J'ai dû monter une équipe pour un programme de plusieurs années et je voulais absolument une femme. Pourquoi ? Parce qu'il y a toujours plus de facilité à parler à une femme, parce qu'il y a ce rapport de séduction qui permettra à une femme d'avoir des accès et notamment accès à des femmes dans des pays musulmans. Elles sont rarement aux commandes[1], mais elles ont toujours une vision intéressante de la société et des évolutions des rapports de force.

JCN : Avez-vous constaté de la frilosité dans la hiérarchie pour envoyer une femme en mission ?

Fabrice : Oui. Il y a encore une inertie du système, c'est une culture qui est très longue à faire évoluer. Mais on a déjà beaucoup travaillé en vingt ans !

---

1. Aucune femme n'a encore dirigé le Service clandestin, ni le SA. De manière générale, depuis sa création, très peu de femmes ont occupé de hautes fonctions à la DGSE.

JCN : *Comment est abordée la question d'une éventuelle maternité ?*

Grégoire : Je pose simplement la question : est-ce que vous envisagez de fonder une famille ? Pour la plupart, vu que je fais face à des jeunes, la réponse est invariable : « Non, pas pour le moment ; ma priorité est de me consacrer à mon travail. »

Georges : C'est sûr que la mère de quatre enfants est moins disponible que la jeune célibataire qui peut justifier d'une absence beaucoup plus facilement, mais il n'y a absolument pas d'objections à ce qu'une femme mariée puisse travailler dans ce milieu-là.

JCN : *Mais tout projet de naissance ne leur est pas interdit* ab initio*... ?*

Sandra : On ne me l'a pas formulé comme un interdit. Ce n'est pas un non-dit non plus. C'est une sorte d'évidence. Inclure une grossesse dans une couverture, c'est juste impossible. C'est antisécuritaire, pour la couverture et pour la personne. C'est effectivement la seule différence entre les clandestins féminins et masculins.

Hervé : On est dans un contrat moral. On peut vous demander de ne pas prévoir de tomber enceinte dans les trois mois qui suivent votre intégration car là, pour le coup, il y a presque tromperie sur le contrat. Mais après, s'il y a grossesse, qu'est-ce qu'il se passe ? Le service n'a pas de pouvoir de vie ou de mort, d'organisation de votre vie privée ! Il faut juste que les choses soient claires dès le départ. Le bon sens fait que c'est une parenthèse que vous allez mettre dans votre vie pour plein de choses. Peut-être que vous adorez faire de la compétition de ski et vous vous dites : « Ce n'est pas le moment que je me casse la jambe avant de partir en mission. » Donc vous allez vous restreindre…

JCN : *L'une de vos autres particularités à la tête du Service clandestin est d'avoir recruté nombre de Bretons. Pourquoi ?*

Grégoire : C'est ma petite faiblesse… Je ne vais pas dire que j'ai fait du recrutement ethnique, mais étant breton moi-même – je sais que c'est un peu cliché ce que je vais dire –, je trouve chez les Bretons les qualités que je recherche : humilité, courage, dureté, opiniâtreté. Entre deux candidats de même profil, s'il y en a un qui est breton, j'ai un penchant pour lui…

JCN : *Et le Breton ne vous a jamais déçu ?*

Grégoire (sourire) : Jamais !

JCN : *Par-delà ce trait d'humour, les services opérationnels de la DGSE disposent-ils des recrues qui seraient le mieux à même d'être infiltrées dans les régions concernées par la lutte contre le terrorisme ?*

Victor : Le SA recrute des militaires, il ne s'occupe pas de savoir s'ils viennent de telle région, des banlieues, ou du XVIe arrondissement ! Les gens peuvent venir de n'importe quel milieu. Ce qu'il faut, c'est qu'ils aient le profil. Après, le service réalise des missions à l'étranger. Le fait de venir d'une banlieue ou pas, ce n'est ni un avantage ni un inconvénient ; c'est une particularité. Pour certains cas, ça peut être intéressant, et pour d'autres, pénalisant.

JCN : *Quid du Service clandestin ?*

Hervé : Très franchement, je n'en ai aucune idée.

JCN : *Y a-t-il ou pas des clandestins issus des banlieues ?*

Hervé : Je suis parti il y a longtemps…

Fabrice : Il faudrait aller les chercher dans les universités, les grandes écoles, les endroits où ils sont bien formés. Il n'y a sans doute pas assez de candidatures. Parce que ce n'est peut-être pas une tradition de ces communautés issues de l'immigration. Parce qu'[aussi] il y a encore une forte version conservatrice dans ces services qui ont peur de l'infiltration ou qui ont peur de perdre le contrôle de leurs agents. Or, il faut, à mon avis, faire le pari de l'intelligence, et de la loyauté envers la France. Il y a dans les deuxième, troisième générations de ces communautés-là des gens qui ont fait le pari de la France, et qui ont envie de rendre, d'avoir cette vie de sacrifice d'une certaine manière pour la patrie.

—

VIII

La fabrique des passe-murailles

Bienvenue au pays des légendes ! C'est un peu de la sorte que les chefs de services clandestins pourraient accueillir leurs nouvelles recrues. Si l'on admettait que les clandestins étaient des « guerriers de l'ombre », la légende et la couverture seraient leur armure. Ce qui les protège dans les pays qu'ils fréquentent, mais aussi en France, jusque dans leurs familles… La « légende » a été popularisée par Le Bureau des légendes, *série diffusée par Canal + depuis trois saisons – indubitablement, et de très loin, la meilleure réalisée en France sur le monde du renseignement. Les spécialistes y relèveront nombre d'invraisemblances, mais le cinéma ne doit pas être une copie de la réalité. Non pas que la réalité soit moins intéressante que la fiction – c'est même très souvent le contraire –, mais un film n'est pas un documentaire. En l'occurrence, le « bureau des légendes » n'existe pas à la DGSE*[1]*. Il n'en reste pas moins que la « légende », elle, est bien le quotidien des clandestins.*

---

1. En fait, il recouvre un certain nombre de bureaux, aux dénominations beaucoup plus prosaïques, dont la révélation n'apporterait rien ici. Il n'est pas non plus le « Service clandestin » qui dépend de la Direction

JCN : Comment définiriez-vous le Service clandestin ?

Fabrice : Le Service clandestin a une implantation particulière, spécifique et bien sûr totalement déconnectée de l'adresse du service que tout le monde connaît.

Grégoire : Ça ressemble à des bureaux, il y a peut-être une petite salle de réunion, mais aucune infrastructure dédiée à la formation, pour une raison simple : la formation se fait essentiellement sur le terrain pour habituer le jeune OT à évoluer dans un milieu normal, et non pas dans un milieu confiné où il se sentirait en sécurité. Ça participe à sa mise en condition psychologique pour son futur travail de clandestin. Il y a des appartements « conspiratifs » qui sont, soit des appartements de structure, c'est-à-dire qui servent d'adresse officielle à des agents clandestins, soit des appartements spécifiquement [réservés] aux contacts, donc qui sont inoccupés, mais qu'on réserve pour des rendez-vous clandestins. Il est évident que, pendant toute cette phase de formation, [l'OT] doit revenir régulièrement au bureau, parce que ça nécessite un suivi de tous les instants. Mais on privilégie les rendez-vous à l'extérieur de l'institution.

Hervé : Il y a une bascule dans la clandestinité interne. Vous allez être beaucoup moins présent au siège de la DGSE – voire plus du tout.

Sandra : Le groupe de clandestins est formé en même temps. Mais on n'est pas vingt-quatre heures sur vingt-quatre ensemble.

---

des opérations (DO) quand le « Bureau des légendes » relèverait de la Direction du renseignement (DR).

Hervé : On ne se connaît pas tous. Ça peut arriver que l'on se fréquente dans le cadre du service au gré de nos missions et de nos retours en France. On peut se croiser, on peut échanger, mais c'est très cloisonné. On ne connaît pas les identités des autres clandestins par exemple.

Sandra : Pour le coup, on nous donne comme règle, proche de l'interdit, de ne pas échanger avec les autres clandestins sur les détails de la couverture, les objectifs des missions, etc. Le cloisonnement est très fort entre l'unité clandestine et le reste de la boîte, mais même au sein de l'unité clandestine, entre agents clandestins, il y a une forme de cloisonnement. Vis-à-vis du reste de la DGSE, on peut presque parler d'une mise en quarantaine. On est vraiment, au sens propre, retirés du service.

Fabrice : La théorie voudrait que les clandestins ne soient pas connus. La réalité, c'est qu'il y a des gens qui ont fait plusieurs années dans la filière normale [au sein de la DGSE], et qui vont basculer après au Service clandestin…

Georges : L'appartenance au Service clandestin n'est pas un secret pour les gens qui sont à la DGSE. On peut dire qu'on est membre du Service clandestin puisque les secteurs géographiques ou thématiques [où] la Direction du renseignement nous emploie comme capteurs de renseignement sont connus. En revanche, le secret des missions est préservé de la même manière qu'au Service action où, dans un même bureau, des gens peuvent travailler en cloisonnant parfaitement les dossiers et les missions qu'ils préparent ou dont ils reviennent.

Hervé : Ce qu'il y a d'important, c'est de protéger ce qu'il y a à protéger, c'est-à-dire votre identité fictive, la mission qu'on vous a confiée et vos théâtres d'opérations.

À partir de là, vous avez prémuni 90 % de la clandestinité en interne. C'est presque plus simple de la prémunir en externe car, en interne, les gens vous connaissent avant, ils savent qui vous êtes, ils savent que vous avez rejoint le Service clandestin et donc, ils vont essayer parfois de suivre votre nouvelle carrière…

Patrick : On ne devient pas clandestin du jour au lendemain, il faut s'y habituer.

Sandra : Je n'avais pas une image très précise de ce que pouvait être une activité clandestine professionnelle. J'imaginais que ça n'allait pas être très facile, et en fait, je me suis rendu compte que c'était un vrai métier.

François : Quand vous arrivez au Service clandestin, après dix, onze mois de formation, en fait, vous n'y connaissez rien.

Sandra : On est formés avec des cours théoriques, des exercices pratiques, des mises en situation. Il y a tout un savoir-faire qu'on nous enseigne, ce n'est pas un truc totalement improvisé comme on voit au cinéma où, hop, d'un seul coup, on monte une couverture comme par magie. Non, c'est très sérieux, préparé, anticipé, analysé.

Patrick : La formation clandestine, c'est un tout. Il y a d'abord des étapes où on est là pour juger et jauger de la qualité intrinsèque de la personne, du futur OT, à se mouvoir seul dans un contexte difficile.

Fabrice : On va faire le point sur ce que je peux apporter, ma façon d'être, mes connaissances, mes envies aussi, car il ne faut pas que quelqu'un ait une légende qu'il ne peut pas porter. Quelqu'un qui ne peut pas être *businessman*, il ne va pas l'inventer.

Patrick : Il y a des savoir-faire techniques qui s'apprennent, notamment comment faire des comptes rendus, comment faire de la recherche de renseignement, comment observer, comment faire des interviews, etc. Ensuite, il y a toute une série de formations où on va tester psychiquement la capacité d'endurance de l'agent, et également physiquement.

JCN : C'est-à-dire… ?

Grégoire : Je les récupère à l'issue du stage long [d'entrée à la DGSE], au mois de juin de l'année suivante, et on entre dans la phase de formation qui va durer à peu près un an. Une première partie va être de l'information pure, où on va reprendre un certain nombre de procédures déjà touchées du doigt par les candidats durant les stages d'évaluation. Il s'agit des procédures de rendez-vous clandestin, de contre-filatures, etc. Tout ça se fait généralement en France, mais il nous est arrivé quelquefois de le faire à l'étranger […]. La philosophie est que le candidat prenne l'habitude d'être un passe-muraille, [de] ne pas apparaître dans le paysage.

JCN : En quoi cela consiste-t-il ?

Grégoire : Les grandes lignes, c'est de ne pas se faire remarquer, [de] ne jamais se mettre dans une situation qui pourra amener des complications […]. On commence à travailler sa légende, donc à être capable de répondre aux questions banales que peut poser le réceptionniste de l'hôtel quand on va louer une chambre : Adresse ? Qu'est-ce que vous faites dans la vie ? Pourquoi venez-vous à Paris ? Avoir des réponses toutes faites, qui coupent court aux autres questions. On apprend à l'agent à se comporter dans la rue de manière inaperçue, on lui apprend à réagir face à un contrôle de police inopiné ou plus ciblé. On lui apprend à ne pas communiquer autrement que selon les procédures qu'on lui impose, mais je n'en dirai pas plus là-dessus. Et on lui apprend tout un tas de petites techniques qui lui permettent de communiquer avec un autre agent ou une équipe sur le terrain sans que ça se voie.

Patrick : Le travail de mémoire est essentiel parce qu'on n'est pas là pour prendre des notes, surtout dans un contexte délicat. Quand vous avez en face de vous une brute épaisse, vous n'allez pas commencer à lui dire : « Attends, je vais enregistrer ce que tu es en train de me dire. » Il faut être capable de [noter], le soir, quand on a rencontré les personnes cibles, tout ce qui s'est dit, capable d'analyser [ses notes], capable d'en faire la synthèse et capable d'en faire des propositions et des recommandations.

Daniel : Le recrutement et ensuite la formation ont pour origine la formation que pouvaient avoir les agents des services français formés à Londres pendant la Seconde Guerre mondiale. Tous les modes opératoires de cette époque, que l'on retrouve dans la plupart des services de renseignement au monde, sont tout à fait adaptés.

Fabrice : Il y a eu des clandestins à la grande époque de la guerre froide, mais disons que le *modus operandi* a été un peu perdu, et [qu'] on réinvente un peu la poudre. On réinvente les moyens de communication, on réinvente la façon d'être, on réinvente les couvertures, les légendes ; mais tout cela, [c'était] avant le passeport biométrique, les capacités de reconnaissance faciale et tout ce que la technologie peut apporter comme problèmes pour nous.

Georges : La biométrie, bien entendu, complique énormément les choses puisque notre ADN, nos empreintes digitales, sont les mêmes. Contrairement à ce qu'on peut voir dans les films de James Bond, on n'a pas sur les phalanges des films amovibles qui nous permettent d'avoir, selon l'identité qu'on veut utiliser, un ADN ou des empreintes !

Victor : C'était plus simple d'être un agent clandestin quand il n'y avait pas Internet. Internet, c'est très sympa pour faire des recherches sur les domaines qui nous intéressent pour les missions, mais avec les réseaux sociaux, la diffusion rapide de l'info, c'est sûr que ça complique un peu les choses…

Daniel : L'idée, c'est que [l'OT] ait un minimum d'empreintes numériques avant de rentrer dans le service, qu'il apparaisse le moins possible, voire pas du tout sur les réseaux sociaux. C'est rare, mais on peut encore y arriver, surtout quand on recrute les gens relativement jeunes.

Hervé : Le jeu devient de plus en plus compliqué. Mais comme tous les jeux, on peut tourner la règle. La technologie apporte aussi des solutions aux problèmes qu'elle crée elle-même…

Daniel : Sur Twitter ou sur Facebook, on n'a pas forcément besoin d'apparaître en gros plan sur le compte avec son visage ! Il y a toutes sortes de façons de ne pas apparaître et d'exister.

Victor : Ce qu'on demande aux gens, c'est, à partir du moment où ils entrent au service, d'arrêter ce genre de choses pour leur propre sécurité. Dans la mesure du possible, effacer les traces qu'ils ont pu laisser auparavant, mais ce n'est pas toujours évident. Et puis, quand on est un agent sous couverture, on s'invente une nouvelle vie et, dans son autre vie, on peut alors être amené à se créer une vie sur Internet. Donc, on peut se créer un compte Facebook, ou sur je ne sais quel autre réseau…

JCN : *Pouvez-vous nous en dire plus sur la fabrication d'une légende ?*

Fabrice : La légende, c'est vraiment la vie que vous vous créez, votre propre légende. Si possible, il faut que ce ne soit pas si loin de vos qualités et de vos faiblesses, il faut que ce soit une extrapolation de vous-même.

Daniel : Cette légende va s'appuyer, soit sur une identité fictive, donc un nouveau nom, soit sur une identité démarquée : je garde mon nom, mais évidemment je ne suis pas à la DGSE, et on s'appuie sur ce que j'ai pu faire avant de rentrer à la DGSE si tant est qu'on ne soit pas resté à la DGSE trop longtemps entre le moment où on crée cette légende et le passé proche…

Grégoire : On a vu les limites [lors de] l'affaire du *Rainbow Warrior*, il y a quelques années : les identités fictives utilisées par les deux agents ont duré quarante-huit heures…

Fabrice : Aujourd'hui, avec des capacités biométriques, il est de plus en plus difficile d'avoir deux identités, de passer une frontière à un point A et une autre à un point B avec deux identités différentes […]. D'où le fait que, de plus en plus, on travaille en identité réelle.

Georges : Il s'avère que la DGSE recrute chaque année des gens qui ont des activités professionnelles extrêmement intéressantes. Il est plus facile de recruter ces gens, et de les former, plutôt que de fabriquer des compétences qu'il serait très difficile d'acquérir. Pour des raisons évidentes d'efficacité, de discrétion, ces gens, qui sont une poignée, ne mettent jamais les pieds à la DGSE. Ils ont des agents de liaison qui sont chargés de faire le lien, de les orienter, de les briefer, de les débriefer.

Patrick : On peut tout faire. C'est la mission qui décide du mode d'action et également de la façon dont ce mode d'action va être employé.

Grégoire : On utilise volontiers l'identité réelle des agents, mais en effaçant tout ce qui les relie à leur vraie vie privée et éventuellement familiale, c'est-à-dire que Monsieur Yves Dupont de son vrai nom s'appellera toujours Yves Dupont lorsqu'il part en mission, mais par contre, [il] aura une adresse qui n'est pas la sienne, un compte en banque qui n'est pas son compte en banque personnel ; [il] aura tout un tas de papiers justifiant de ses activités professionnelles à son vrai nom.

Victor : On peut garder certains détails, mais je conseillerais de changer le prénom de ses parents, le nombre de frères et sœurs, le format de sa famille. On essaye de ne pas être trop proche de la réalité, mais c'est beaucoup plus simple de mentir par omission ou d'être proche de la vérité sans être dedans. Après, chacun fait comme il se sent à l'aise, il n'y a pas de règles.

Sandra : Le risque que l'on a au moment du retour [en France] avec notre identité réelle, c'est qu'il y ait une collusion avec une personne connue sous une identité fictive. Que ce soit en marchant sur un trottoir, ou pendant les vacances. Là, on a toujours en tête un prétexte, c'est le couteau suisse de l'agent clandestin. Le prétexte, c'est vraiment avoir une imagination et une réactivité assez importantes pour trouver à chaque fois [ce] qui va nous permettre d'échapper à la rencontre ou de la rendre la plus courte possible. Le fait d'être différent aussi physiquement dans sa couverture nous protège un petit peu quand on revient dans son identité réelle.

Georges : Il ne s'agit pas de mettre des perruques, parce que si vous mettez des perruques vous attirez l'attention. La technique du désilhouettage permet facilement [de] se fondre dans un environnement sans se faire reconnaître, ou en tout cas en ayant une apparence qui est très différente de son apparence normale.

JCN : Nous avons parlé des « prétextes ». Autre paramètre-clé d'une légende : le « répondant ». De quoi s'agit-il ?

Fabrice : Le répondant, c'est celui qui va pouvoir justifier que vous êtes bien Monsieur X et que vous travaillez pour telle organisation, que vous êtes bien marié avec Madame Michu et que vous avez tel type d'amis. L'idéal, c'est d'avoir une fiancée fictive, à qui vous allez écrire des lettres enflammées, et éventuellement, dans la lettre enflammée, vous glissez par des moyens techniques des messages secrets. Donc, cette nana, excusez-moi, il faut qu'elle existe, il faut qu'elle réponde au téléphone, il faut qu'elle ait un appartement – elle existe réellement.

Sandra : J'imaginais que [la clandestinité], c'était assez solitaire, alors que pas du tout ! L'agent est le plus souvent seul sur le terrain, mais c'est toute une équipe qui l'accompagne sur le montage et même encore sur le terrain. On parle toujours de l'OT clandestin, mais l'OT clandestin c'est comme un pilote d'avion : tout seul il ne fait rien s'il n'a pas son équipe de mécanos derrière, de collaborateurs pour préparer les missions.

François : On est aidés par un certain nombre d'organismes au sein de la maison, on n'est pas tous seuls. Et puis après, il faut prendre son courage à deux mains, inventer les bons prétextes, dire qu'on a perdu tel ou tel papier pour pouvoir les refaire… On est aidés, mais la démarche volontaire, spontanée, vis-à-vis de l'administration émane de l'individu lui-même. Donc, il faut faire preuve d'imagination, et se dire je ne suis plus François, mais Pierre, et je dois commencer à étayer toute la vie de Pierre depuis telle date vérifiable jusqu'à maintenant.

Victor : On ne joue pas un personnage, on est ce personnage. On ne peut pas le jouer parce qu'il faut l'être entièrement, parce qu'il ne faut jamais laisser échapper une indiscrétion, quelque chose qui ferait soupçonner qu'on n'est pas ce qu'on prétend être. Il faut en même temps ne jamais oublier qui on est réellement, c'est-à-dire un agent au service de la France. Il n'y a pas d'école qui permette d'enseigner la manière de se comporter comme ça. Je crois que la manière de l'apprendre, c'est d'être mis dans des formations progressives.

IX

Une couverture sur mesure

Convenons-en. Le Bureau des légendes et des couvertures *aurait fait un très mauvais titre. Cependant, il aurait été aussi plus approprié. La légende, en effet, ne suffit pas pour dissimuler complètement la vie réelle du clandestin. Il faut y ajouter la « couverture ». La nuance est parfois difficile à cerner. C'est pourquoi il n'est pas inutile de rappeler les propos de Daniel : « La légende consiste à se créer une nouvelle vie, et la couverture, à se créer un métier. » Là encore, la DGSE entretient un savoir-faire dont l'heure de gloire remonte probablement aux années 1970, quand des membres du Service action ont, par exemple, imaginé d'infiltrer le milieu des courses cyclistes pour traquer le terroriste Carlos. Une époque où le SDECE osait beaucoup, parfois trop d'ailleurs… Aujourd'hui, la puissance de la technologie, mais aussi une moindre acceptation du risque par les autorités politiques, font souvent mourir dans l'œuf les idées iconoclastes. Il n'en reste pas moins qu'un OT désirant chasser doit continuer à avoir l'apparence d'un chasseur…*

JCN : Nous avons parlé de la légende. Pouvez-vous nous expliquer la différence avec une couverture ?

Sandra : La légende, c'est bien connu, ça n'existe pas. C'est, grosso modo, l'histoire passée que l'on se construit par rapport à sa nouvelle identité. C'est ce qui n'existe pas, qui n'est pas concret, qui est inventé. Alors que la couverture, elle, existe. Et justement, l'objectif de la couverture, c'est que ce soit réel. Voilà la différence : la légende, c'est le début, c'est le passé, ce n'est pas très tangible et la couverture, c'est déjà du concret.

Grégoire : Une couverture, c'est ce qui va permettre [à l'OT] de justifier de se déplacer dans tel pays ou telle zone. La couverture va donc se résumer à une activité professionnelle qui peut être [...] n'importe quoi, à partir du moment où cette activité professionnelle sera cohérente par rapport à l'environnement dans lequel l'OT en mission sera amené à évoluer.

Patrick : La couverture se fait en fonction du pays où l'on va : qu'est-ce qui nous permet, à nous, d'aller dans ce pays sans se faire détecter comme agent du service ? Et qu'est-ce qui est le mieux pour aller chercher de l'information qui est nécessaire pour accomplir cette mission ?

Sandra : Les couvertures de journalistes ou d'humanitaires, je dirais qu'aujourd'hui, ce sont des anticouvertures ! On s'y attend tellement que, non, ce ne sont pas les couvertures vers lesquelles on se dirige en premier lieu. Au contraire. Ou alors, on est dans un métier de manipulation, de jeu de dupes ; ce serait comme une sorte de diversion pour attirer l'attention sur ce genre de couvertures. Le but d'une couverture, c'est qu'on soit fondu dans le paysage, que ce soit logique de nous voir, et que ce ne soit pas : « Attends, celui-là, qu'est-ce qu'il vient faire là, pourquoi il s'intéresse à un tel, etc. ? » Effectivement, un journaliste, c'est normal qu'il pose des questions, qu'il aille voir plein de gens ; un humanitaire, c'est pareil, c'est normal qu'il soit dans des zones de conflit, qu'il ait des contacts avec les autorités locales, etc., mais c'est tellement évident que, non, c'est trop évident.

Patrick : Il faut trouver une couverture qui corresponde à sa personnalité, on ne devient pas plombier du jour au lendemain. Il y a tout un travail de fond qui est mené par l'agent avant de pouvoir partir en mission, pour être crédible par rapport à la couverture qu'il va utiliser. Ensuite, il faut que cette couverture permette d'accomplir la mission parce qu'on ne va pas passer son temps à réparer des tuyaux de salle de bains… Il y a tout un travail d'étude qui est mené pour avoir la couverture la plus adaptée et faire le vrai métier, le vrai travail qui est demandé à l'agent sur le terrain.

Georges : La difficulté pour les gens qui travaillent à la DGSE dans le XXe arrondissement, c'est de pouvoir mettre une barrière infranchissable et totalement hermétique entre ce quartier de Paris et la structure de couverture qui va nous permettre de justifier d'une activité clandestine. Donc […] on s'efforce de mettre de l'espace, du champ entre la vie réelle et la vie fictive, de manière à ce qu'on évite dans la mesure du possible, même si Paris peut parfois apparaître comme un petit village, de croiser sa voisine de palier au moment où l'hôtesse d'accueil vous annonce avec votre nom d'emprunt que l'avion est prêt à l'embarquement.

François : L'idée est de monter une structure légale, et vérifiable à l'étranger, qui emploie des gens qui n'ont rien à voir avec le métier traditionnel de la DGSE, et qui vont inspirer cette réaction au commun des mortels : « Bon dieu, mais bien sûr ! Cette société existe, son métier est bien réel. » Ces activités-là vont venir masquer la véritable raison de l'existence de cette structure, c'est-à-dire les activités clandestines de renseignement.

Grégoire : On peut très bien utiliser des organisations déjà existantes, qui seront utilisées inconsciemment. C'est une des raisons pour lesquelles je cherche dans mon recrutement des gens qui ont pu avoir une expérience [particulière].

Georges : Il y a un certain nombre de cas où les clandestins sont infiltrés, immergés dans une structure, une entreprise, et une personne par exemple va pouvoir leur faciliter l'accès parce qu'ils peuvent justifier d'une formation, de diplômes qui leur permettent d'être recrutés. Le but c'est que, là aussi, ils puissent justifier d'une jolie carte de visite au sein d'un grand groupe, que leur phase de recrutement ait été faite par un cabinet de chasseurs de têtes en bonne et due forme, et qu'au bout de six mois ou deux ans, ils puissent jouir d'une liberté qui leur permette d'atteindre les objectifs fixés. Je ne vais pas révéler de secrets sur l'implication d'un certain nombre de personnes, de personnalités du monde public, qui, spontanément, proposent de rendre service. Il y a encore quelque temps, être agent secret était considéré comme un métier de barbouze, donc assez peu vendeur. Aujourd'hui, heureusement, les choses ont évolué. Tous les jours, il y a un certain nombre de chefs d'entreprise, de patrons de PME qui font, parfois spontanément, la démarche de dire : « Moi, je travaille dans un certain pays, si ça peut intéresser, je me mets à la disposition de la Défense. » Et c'est ce qu'on va utiliser justement pour intégrer des gens, ou pour utiliser des sociétés à des vocations opérationnelles, en essayant de construire les choses dans la durée de manière à éviter, si les choses tournaient mal, d'avoir à montrer en pleine lumière la collaboration d'un chef d'entreprise qui prend des risques énormes.

Grégoire : On peut, le cas échéant, si on n'a pas d'autres solutions, créer une structure, une société ou une association, qui seront des créations réelles, ayant une vie légale, avec un enregistrement auprès des autorités compétentes. Mais il est bien évident qu'on entre là dans un montage plus compliqué, plus coûteux, et qu'on ne le fait que si on n'a pas d'autres solutions.

Daniel : Pour créer une société, il va falloir la déclarer, qu'elle soit visible, qu'elle soit enregistrée au registre de commerce, qu'elle ait un numéro de Siret.

Georges : Je préciserais qu'on ne bénéficie d'aucun passe-droit. On s'appuie sur des pièces qui ont été fabriquées, mais on se présente tout seul à la préfecture, et il faut être le plus convaincant possible.

François : Les activités de cette société sont 100 % réelles, vérifiables et quantifiables, avec une véritable comptabilité, avec des véritables personnels ou employés recrutés de manière inconsciente, que ce soient des locaux, que ce soient d'autres collègues français. Personne, à part une ou deux personnes à l'intérieur de la société, ne sait qu'il s'agit d'une société de couverture.

JCN : *Créer une société et lui trouver un début d'activité prend du temps. N'est-ce pas rédhibitoire dans la recherche de renseignements ?*

Grégoire : Ce qui fait la valeur d'un clandestin, c'est sa durée, à l'inverse de ce que pratiquait à l'époque le SA qui était plus sur des missions ponctuelles. Nous, on va chercher à immerger un OT dans une zone qui nous intéresse avec l'idée qu'il va pouvoir travailler plusieurs années dans cette zone. La notion de durée est capitale. Pour pouvoir durer, il faut être crédible.

Patrick : Ce n'est pas en une semaine qu'on devient crédible sous une couverture. Tout dépend des qualités naturelles de la personne, mais il faut quelques mois. [Ensuite], ça fait partie de l'entraînement des agents du Service clandestin de s'entretenir tous les jours dans leur couverture, pour pouvoir partir au coup de téléphone sur un pays dans lequel on souhaite développer une mission. Ça demande beaucoup d'entraînement et ce n'est pas à prendre à la légère.

François : Il faut d'abord savoir où on va travailler. On commence par une étude régionale : où on va ? Quels sont les us et coutumes ? On ne travaille pas au fin fond de l'Afghanistan comme au Zimbabwe. Il faut acquérir, je dirais, la philosophie humaine, le comportement, la culture [...]. Monter une agence de pub au Zimbabwe s'il n'y en a pas, c'est se mettre un nez rouge au milieu du visage. Donc, il faut trouver une activité qui se fonde elle-même dans la masse.

Grégoire : L'intérêt, c'est qu'idéalement l'OT se familiarise avec une zone et devienne une espèce d'expert reconnu de cette zone, quelle que soit son activité professionnelle. On va essayer de faire en sorte que cet OT soit fidélisé à sa zone, qu'il y soit connu de manière à ce qu'il puisse y retourner régulièrement, quelle que soit la situation. Et, en particulier, si la zone est soumise à de fortes turbulences, que l'arrivée de cet OT sous couverture n'intrigue personne parce que c'est quelqu'un qui vient depuis plusieurs années, une partie de son travail est ici et ça ne choque personne.

Georges : Je dirais que, contrairement à l'agent de renseignement qui agit sous sa propre identité, et qui peut apparaître comme un caméléon se fondant un peu dans tous les environnements, et évitant la lumière, le clandestin au contraire doit profiter de toutes les opportunités pour justifier de son activité. Concrètement, à partir du moment où le clandestin a un moyen de faire passer un article, d'apparaître dans une revue ou à la télévision pour justifier une activité, il utilisera cette opportunité parce que ça lui évitera d'avoir à répondre à des questions : qui êtes-vous, que faites-vous ? Il y a des choses qui sont faciles à démontrer à partir du moment où l'attitude, la tenue vestimentaire et les moyens correspondent parfaitement à la catégorie sociale qu'on est censés représenter. Le mimétisme est très important. C'est très intéressant de constater que l'« uniforme », la tenue vestimentaire, est souvent le même en fonction de la catégorie socioprofessionnelle à laquelle on appartient. La perception des codes, l'immersion dans un milieu passent par cette phase d'observation qui est extrêmement importante. Après, bien entendu, il faut que le bagou, les réponses qu'on pourrait apporter soient en cohérence parfaite. Mais avec une bonne perspicacité, de l'observation, on s'en sort très bien.

Daniel : Il faut être un comédien, et il n'y a pas de pause. À partir du moment où vous revêtez votre costume lié à la couverture et à la légende, eh bien vous jouez un rôle et vous le tenez jusqu'au bout, jusqu'à la fin de la mission. S'il dure des années, il y aura forcément des coupures. On n'est pas dans le cas des illégaux du KGB qui vivaient sous identité fictive et sous autre nationalité, projetés sur une très longue durée dans un pays étranger pour renseigner au profit de l'Union soviétique…

Georges : L'agent doit faire vivre sa structure de couverture. La faire vivre, c'est quoi ? C'est s'y rendre plusieurs fois par semaine, c'est rentrer en contact avec son voisinage, aller acheter son pain et vivre dans son appartement comme n'importe qui.

Daniel : On doit y être le plus souvent possible. On doit, au quotidien, apparaître dans son quartier, aller à la boulangerie, aller se faire couper les cheveux à côté, être connu des commerçants, du concierge. La vie d'un clandestin, j'aime bien [la] comparer à une toile impressionniste : c'est fait de plein de petites taches de couleur, plein de petites actions qui, quand on les prend l'une après l'autre, ne représentent rien ; mais finalement, quand on prend un peu de recul, c'est tout un ensemble qui donne une cohérence à la couverture. Prenons le cas d'une structure que je vais créer. Je vais m'appuyer sur un honorable correspondant qui va me présenter à son réseau, qui va m'aider éventuellement, qui va me faire travailler pour maîtriser les savoir-faire, les savoir-être de la profession. Et puis après, je vais apprendre à voler de mes propres ailes ; et tous les gens, soit que je vais employer, soit avec qui je vais travailler, ou mes clients, seront totalement inconscients de mon appartenance à la DGSE, totalement inconscients [du fait] que cette structure est une émanation de la DGSE. Les liens sont totalement coupés.

Georges : Lorsque j'ai été en opération sous couverture clandestine, je me trouvais depuis plusieurs mois dans une zone de guerre. Un de mes contacts, qui ne me connaissait que sous couverture, vient me voir un jour et me dit : « Tu ne trouves pas que machin a un comportement un peu bizarre ? » Je dis : « Je ne sais pas, de quoi veux-tu parler ? » « Écoute, je ne sais pas, mais il ne parle pas, il est très discret. Pour moi c'est un mec de la DGSE. » Alors, je lui réponds spontanément : « Je n'y connais rien dans ces trucs-là, mais maintenant que tu m'en parles tu as peut-être raison. » Pour moi, c'était le summum [...]. J'avais atteint les objectifs que je m'étais fixés, j'étais crédible et j'avais même réussi de manière complètement indirecte à attirer l'attention sur quelqu'un qui, pour le coup, n'avait rien à voir [avec] les services de renseignement.

Victor : On commence petit à petit à s'entraîner lors de la formation initiale. On le fait lors d'exercices, et puis en vrai. Et plus on le fait, plus on se sent à l'aise. La difficulté, c'est de ne pas basculer sur « je ne suis que mon IF et j'ai oublié finalement que j'étais un soldat au service de la France ». Tout ça, en restant concentré en permanence. Pourquoi ? Parce que l'agent clandestin doit être en permanence en train de maîtriser sa sécurité et son environnement. Il n'est pas là à se retourner toutes les deux minutes et à suspecter tout le monde. [Mais] est-ce que l'ambiance dans la ville est habituelle ou différente, est-ce que ce gars-là je ne l'ai pas vu dans une autre circonstance, il y a peu de temps ?

Georges : Rien n'est laissé au hasard. C'est extrêmement contraignant, mais c'est l'assurance vie qui permettra aux agents clandestins de durer, d'être efficaces et de pouvoir remplir leurs missions. Il existe bien entendu des phases de décompression où les gens partent en vacances mais la difficulté, là aussi, en épousant une identité, en ayant une activité, eh bien c'est de rompre avec son environnement fictif, c'est de ne plus donner de nouvelles.

François : Une société, surtout avec les décalages horaires, ça vit en permanence, ça a des activités en permanence, des transactions en permanence. Il est vrai que quand on entre dans le service, on met notre vie sociale de côté.

Sandra : Avoir deux vies en vingt-quatre heures, ce n'est pas possible, c'est épuisant. Donc il y a des techniques pour faire vivre la couverture comme si elle était vivante vingt-quatre heures sur vingt-quatre, et pour quand même avoir une vie pour soi, une vie privée. On reste des êtres humains, pas des robots que l'on programme. On a besoin de repos et de recul, et ce recul est important pour la couverture, pour ne jamais oublier pourquoi on nous demande d'être clandestins.

Georges : Aujourd'hui, vous envoyez un mail, si vous n'avez pas de réponse au bout de trois, quatre jours, vous allez peut-être vous poser des questions. Vous allez vous inquiéter, donc le clandestin, avec toutes les difficultés que ça représente, doit maintenir le contact [...]. Même en vacances, il faut prendre le temps d'aller dans un cybercafé, d'envoyer un mail sous son nom d'emprunt pour donner des nouvelles parce qu'encore une fois, les moyens modernes de communication aujourd'hui nous imposent cette grande réactivité.

JCN : *Comment s'effectue la transition entre vie réelle et vie fictive ?*

Patrick : Dans la fiction, on voit des gens qui sont tout le temps avec des papiers, des fausses identités dans des valises ou cachées chez soi... Ça ne fonctionne pas comme ça [...]. Vous arrivez avec vos papiers normaux, vous passez dans un sas où vous donnez tous vos papiers et vous récupérez les papiers qui correspondent à votre mission. Avant de partir, il y a tout un questionnaire qui est fait, qui peut être musclé selon le niveau de dangerosité de la mission, pour bien s'assurer que vous êtes dans la peau de votre nouvelle identité. Et dès que vous rentrez en France, vous rendez vos papiers.

JCN : *Donc, contrairement à la fiction, on ne peut pas imaginer quelqu'un qui rentre et qui garde son identité fictive pendant des mois à Paris ?*

Patrick : Vous ne pouvez pas avoir une double vie avec une identité fictive sans que cela soit contrôlé et géré par le service, c'est impossible. La récupération d'un agent au retour d'une mission est une mission en elle-même, et vous avez des gens qui sont chargés vingt-quatre heures sur vingt-quatre, sept jours sur sept, de s'occuper de ce processus d'envoyer les gens en mission et de les récupérer, avec, parfois, des dispositifs de sécurité très complexes [...].

Georges : C'est très important de respecter de sacro-saintes consignes de sécurité de manière à ce qu'aucun individu non autorisé ne puisse dérouler la pelote de laine et faire le lien entre Dupuis et Dupont. Donc il est extrêmement important que la moindre action, le moindre déplacement se fassent dans un environnement parfaitement contrôlé et c'est pour ça que le protocole de sécurité [doit être] rigoureusement respecté, qu'il pleuve, qu'il vente, qu'il fasse nuit.

Sandra : Dans les mesures de sécurité, il y a l'outil classique de l'IS, l'itinéraire de sécurité, qui permet de faire ce sas entre l'activité de couverture, l'activité d'agent clandestin et les activités en identité réelle de sa vie privée. Il s'agit d'avoir un trajet de plus ou moins longue durée – ça peut être quelques minutes à plusieurs heures, voire presque une journée entière, avec plein de prétextes qui justifient complètement votre itinéraire, qui le rendent plausible aux yeux des services qui pourraient s'intéresser à vous.

Patrick : Vous revenez à l'aéroport, vous donnez vos papiers pour pouvoir passer la frontière, et à peine vous avez passé la frontière, une personne vous récupère. Cette personne va vous prendre dans sa voiture, mais après, il peut y avoir un dispositif invisible s'assurant que la personne qui vous a récupéré n'est pas suivie. Vous avez un itinéraire de sécurité qui va vous faire passer dans des endroits où vous savez que vous pouvez faire une rupture de filature, [où] vous pouvez vous assurer que la personne qui vous suit ne pourra pas vous suivre éternellement. Et après avoir rompu la filature, vous avez également un autre itinéraire qui vous permet de vous assurer de n'être plus suivi. Il peut arriver que pour faire dix kilomètres, cela prenne plusieurs heures avant d'arriver à l'endroit indiqué.

JCN : *Cela suppose-t-il une part de paranoïa chez chaque clandestin ?*

Patrick : C'est exactement ça que je veux éviter : faire croire qu'on est dans la tension permanente. Il peut y avoir des tensions, [mais] normalement ça doit bien se passer. Si le clandestin a bien fait sa mission sur le terrain, qu'il n'a pas attiré l'attention, il n'y a pas de raisons qu'il soit placé sous surveillance quand il rentre de mission.

François : Je ne pense pas qu'on puisse parler de paranoïa. Par contre, il faut toujours être sur ses gardes. Le propre d'un service de renseignement, c'est de travailler à l'étranger, le propre des services de renseignement étrangers, c'est de travailler en France. Ce qui veut dire que, nous, quand on travaille à l'étranger, il y a nos camarades – je ne sais pas si on peut les appeler comme ça – qui, eux, travaillent en France, chez nous. Chacun se prémunit les uns contre les autres. Lorsque l'on opère en France, dans le sanctuaire national, on ne peut pas se dire : « Je suis chez moi, je ne risque rien », car nos homologues adverses ont les mêmes méthodes – elles sont quasiment universelles, ces procédures de filature, contre-filature.

JCN : *Avez-vous connu un cas de filature en France par un service adverse ?*

François : Je me souviens d'un exemple sur lequel je ne rentrerai pas dans les détails. C'était un jour de « repas cohésion » au sein du Service clandestin – comme quoi, on a bien une vie normale lorsqu'on est à Paris ! Au cours de ce déjeuner, une des personnes revenait de sa zone d'engagement et, à travers des procédures d'alerte qui ont été émises, un certain nombre d'entre nous sont sortis du repas pour aller lui donner un coup de main, et l'exfiltrer de la nasse, dans laquelle il était en train de tomber, dressée par des services adverses.

JCN : *Conséquences pour lui ?*

François : Sa couverture était grillée. Et donc l'intéressé a été invité à la fois à changer de couverture et de service...

JCN : *De la part du service étranger en question, cela pouvait-il être aussi une manière d'envoyer un signal à la DGSE ?*

François : C'est ce qu'on appelle les signaux d'alerte que les services font passer, ou pas, en fonction de la bienveillance qu'ils ont vis-à-vis de services adverses...

JCN : *Comment fait le clandestin s'il doit se rendre dans les bureaux officiels de la DGSE ?*

Daniel : L'idée, c'est de ne pas aller dans les bureaux d'analyse, notamment [à] la Direction du renseignement, puisqu'ils n'ont pas forcément à connaître *de visu* l'agent sur le terrain. Ensuite, on est forcément obligés de garder le contact avec la maison mère pour travailler, pour échanger, on ne peut pas être totalement coupés du monde donc on monte un rendez-vous dans Paris, de façon sécurisée, en s'assurant de ne pas être suivi. Et puis, on peut aussi être amenés pour des raisons administratives à retourner dans les bureaux de la DGSE. Là, on passera au travers de sas de sécurité pour être sûr que personne ne nous voit entrer ou sortir, que l'identité fictive ne passe pas l'entrée, qu'il n'y a aucun lien entre l'agent sous IF, ou en identité démarquée, et la DGSE.

Grégoire : À part le DO, moi-même et le personnel de mon service, personne ne connaissait l'identité des OT.

Daniel : [En tout,] entre celui qui va vérifier que l'IF n'est pas celle d'un malfrat et ne présente pas un risque si on l'utilise, mais qui ne saura pas à qui on va l'adosser, entre les gens du soutien du service qui, eux, connaissent l'identité fictive et la couverture parce que ce sont eux qui contrôlent, aident le clandestin au quotidien, et qui potentiellement peuvent faire le lien entre l'identité fictive et l'identité réelle, je dirais qu'il n'y a pas plus d'une dizaine de personnes.

JCN : Les mouvements d'argent mettent parfois autant la puce à l'oreille qu'une action d'éclat ou un écart de comportement. Comment le clandestin opère-t-il en la matière ?

Fabrice : On avait des fonds spéciaux, c'est-à-dire des fonds qui sont non traçables, donc du cash, néanmoins il fallait justifier les dépenses facture après facture. Et je vous assure que d'avoir un reçu d'un taxi à Kaboul, ce n'est pas simple ! On avait des discussions assez longues avec notre comptable qui était sympathique comme tout, mais qui voulait qu'on lui justifie toutes les dépenses…

JCN : Et imaginons que le clandestin reçoive un salaire de la société qu'il a créée, qu'en fait-il ?

Grégoire : C'est un sujet qu'on a préalablement travaillé, toujours en liaison avec le DO. J'avais, à l'époque, proposé une formule qui a été validée : les éventuels gains liés à l'activité de couverture servent simplement à payer les frais inhérents à la couverture de l'OT, c'est-à-dire un petit appartement qu'il louera à Paris, ses frais de déplacement, etc. Donc, il n'y a pas double bénéfice, simplement un bénéfice qui est voué au renforcement de la couverture et de la légende.

JCN : Mais y a-t-il des impôts à payer dessus, par exemple ?

Grégoire : Non, il n'y a pas d'impôts, car les sommes gagnées sont généralement bien en dessous du seuil imposable.

JCN : Et si vous êtes sous identité fictive et que vous percevez un salaire dans le cadre de votre couverture, que devient-il ? Vous devez bien justifier, dans ce cas-là, de deux rémunérations ?

Sandra : Alors, non, on ne justifie pas deux rémunérations puisque ce sont deux personnes, ou deux identités différentes, qui perçoivent cette rémunération. Il y a des protocoles prévus pour gérer ces cas-là, mais je ne peux pas vous les dévoiler évidemment…

X

Confidences sur l'oreiller

Nouvel aveu : un autre titre aurait convenu pour ce chapitre traitant de l'information des familles, « Les rasoirs ». J'y ai renoncé parce que trop de lecteurs y auraient reconnu l'un des leurs. Qui n'a pas été découragé en effet, lors d'un dimanche en famille, par un proche racontant une nouvelle fois, et de manière toujours aussi insipide, ce à quoi il occupe ses journées ? Méfiez-vous, il cache peut-être un membre de la DGSE ! Pour ne pas avoir sempiternellement à mentir, l'officier de renseignement apprend de fait par cœur, mais à l'envers, le manuel de la vantardise : rien de ce qu'il dit de lui à son entourage ne doit susciter la curiosité. Une soif étonnante d'indifférence, d'antigloriole. Cela peut paraître évident. Mais comment Edmund Hillary aurait-il vécu le silence après avoir conquis l'Everest ? Tous les OT ne rapportent certes pas le renseignement capital qui empêchera la France de déclencher une guerre. Toutefois, ce n'est pas tant la valeur de l'information collectée que l'accumulation des missions clandestines qui est susceptible de générer de la lassitude ou de l'aigreur.

JCN : L'officier traitant est formé. Sa légende et sa couverture ont été définies. Qu'est-il autorisé à raconter à ses proches ?

Sandra : En entrant, on signe un document sur lequel on dit qu'on est bien conscient d'entrer dans un service spécial, et que la règle est de ne jamais dévoiler ce qu'on y fait.

Daniel : À partir du moment où on entre à la DGSE, on est formé, et on est sensibilisé, au fait qu'on est dans la manipulation. Je ne sais pas si on est dans le mensonge, en tout cas on est dans l'omission. Et pour moi, ne pas dire ce que je fais n'est pas mentir, c'est faire mon travail d'officier traitant, c'est-à-dire aller recueillir une information que je n'aurais pas si j'arrivais en disant : « Bonjour, DGSE, dites-moi tout ! » Ensuite, j'assure ma protection et j'assure la protection de ma famille en mentant effectivement sur qui je suis à l'extérieur.

Georges : La première qualité du clandestin, [c'est qu']il joue toute sa vie, pendant qu'il est en activité, un jeu de rôles. À la différence du cinéma et de James Bond, c'est un acteur de théâtre qui doit pouvoir mentir à son environnement le plus proche, y compris à sa femme, parce qu'on sait tous qu'un jour ou l'autre les confidences sur l'oreiller peuvent être dramatiques.

Victor : Normalement, on ne dit rien. On n'est pas censés parler de la destination de ses missions. On peut dire à sa famille : « Je m'en vais tel jour, je rentre normalement tel jour ; si mon retour est retardé, tu seras prévenue. » Mais enfin, bon, les conjoints comprennent rapidement comment ça marche...

Sandra : On est formés au mensonge, donc c'est très facile pour un agent clandestin de mentir. Maintenant, au-delà de la facilité de mentir, il faut savoir gérer le mensonge, il faut s'en souvenir, le faire vivre, le rendre plausible, le rendre vérifiable. Il y a déjà tout ça à gérer pour la couverture, si en plus il faut en rajouter pour la vie privée, c'est un peu lourd…

Benoît : Il faut démonter un peu les mythes : ma famille, mon épouse, savaient très bien que j'appartenais au Service action. Je n'ai jamais menti. Il y a des choses que, juste, je ne disais pas. Quand je partais par exemple au Pakistan, elle ne savait pas où j'allais. De manière générale, le prétexte était de dire que j'étais dans un pays africain ami et […] c'est ce qui figure dans nos états de service.

Patrick : On ne va pas interdire à quelqu'un de dire : « Je vais dans tel pays. » Ce que l'on recommande, c'est de tenir informées les familles que, pendant un certain temps, on ne pourra pas être en contact avec elles pour des raisons de sécurité.

Hervé : La durée, c'est quand on la sait ! Parfois, on n'a pas vraiment idée de notre date de retour. Donc, plutôt que de créer des angoisses, je pense qu'il vaut mieux rester flou. En tout cas c'était ma position personnelle, je ne donnais jamais une date précise de retour, car cette date pouvait parfois être dépassée ne serait-ce que de vingt-quatre heures, mais c'était vingt-quatre heures de torture pour la famille. Si on dépasse de beaucoup, il y a moyen de faire prévenir notre famille par quelqu'un de confiance du service.

JCN : *Donc il y a quand même des moyens de communication avec la maison mère ?*

Hervé : Il y a des moyens prévus.

JCN : *Dont vous ne direz pas plus ?*

Hervé : Dont je ne dirai pas plus. Il vaut mieux cependant compter sur soi-même, parce que c'est ce qu'on attend de vous, et c'est pour ça que vous avez été choisi, votre capacité à gérer les problèmes tout seul, ou en tout cas à vous faire aider d'un groupe qui va être dans votre couverture. Ça va vous permettre de gérer 99 % des problèmes et des incidents qui peuvent survenir en mission.

Victor : On peut imaginer certaines missions où l'agent pourrait de temps en temps communiquer avec sa famille [...]. L'inconvénient de cette solution, c'est que, du coup, on est en relation avec les problèmes de la vie quotidienne à la maison, et ça peut créer des failles. Parfois, il vaut mieux ne rien savoir. Pour la femme, pour la famille, ça peut être frustrant de ne pas avoir de nouvelles ; pour l'agent, finalement, il y a un certain confort. L'agent reste un gars normal. Il a ses factures, ses enfants qui tombent malades, tous les problèmes de la vraie vie, et en plus, il se rajoute tous les problèmes de sa vie fictive. Donc, il a double dose de problèmes ! Il faut qu'il y ait une grande complicité dans le couple, pour que, quand il s'en va, il ne soit pas parasité par des problèmes familiaux, personnels, qui vont lui rendre la vie impossible en mission.

Fabrice : On avait des moyens chiffrés de communication et on pouvait transmettre des messages personnels simples, du genre : « Tout va bien, je ne me suis pas fait mal. » [Ma femme] elle-même avait un lien avec le service qui l'appelait pour savoir comment elle allait, car c'est un risque potentiel que la base arrière, comme on dit, c'est-à-dire la famille, ne supporte pas cette situation.

Grégoire : Ma famille connaît au moins le nom de l'unité. Elle sait à peu près ce que c'est, en tout cas mon ex-femme, puisque mes enfants à l'époque étaient trop petits. Mais je me garde de lui expliquer dans le détail car ce serait plus anxiogène pour elle qu'autre chose. Moi, j'ai une position un peu iconoclaste sur ce sujet-là. Je conseille toujours à mes OT d'avoir un confident, qui peut être le mari ou la femme, le père, la mère, un très proche ami, mais d'avoir toujours un confident, car on est dans un métier où on doit subir un stress permanent, où on doit mener une double vie, où on doit mentir en permanence, et le cas échéant être exposé à des risques. Il est important que la personne ait un exutoire. Elle en a un au service, mais il faut aussi quelqu'un à l'extérieur…

Victor : Habituellement, ce qu'on conseille, et ce qui se fait, c'est d'en parler tout de même à sa femme parce que ce n'est pas très tenable sur la durée. Si on commence à mentir à sa femme ou à sa conjointe, la difficulté c'est qu'on s'enfonce dans le mensonge.

Sandra : Il n'y a que mon compagnon qui sait que je pars en mission […]. Pas le détail, juste le pays et le temps d'absence. Et puis, j'avoue que je l'ai un peu laissé se débrouiller tout seul avec les amis, la famille, les voisins, mais il s'est très bien débrouillé. Il est devenu expert en prétextes ! Du coup, parfois, je me suis dit : « Mince, il ne va pas falloir qu'il se mette à vouloir une deuxième vie, car il serait très bon pour me faire gober n'importe quoi. »

François : Mon épouse saura toujours où je me trouve. C'est une décision de Grégoire qui partait du principe que nos épouses, et encore plus maintenant, elles ouvrent la télé, elles voient ce qui se passe partout dans le monde en temps réel et son idée c'était qu'elles ne paniquent pas systématiquement en se disant : « Il s'est passé quelque chose au Zimbabwe, est-ce que mon mari y est ou pas ? » Les épouses des agents du Service clandestin savaient exactement où se trouvait leur mari et ce, contrairement à ceux du Service action, où même la famille immédiate ne le savait pas.

Sandra : Garder le secret de l'activité à la DGSE en général, ou même à l'unité clandestine, je pense que ça doit s'avérer inhumain. On ne peut pas la cacher complètement à tout son entourage, là on serait vraiment dans de la schizophrénie.

Hervé : On n'est pas recrutés hors sol. Donc, on a une vie comme tout le monde et il va falloir la gérer. Ce qu'on va devoir gérer en premier lieu, c'est la sécurité de notre famille, ça, c'est le marqueur, et ce qui va orienter l'ensemble du discours. [Or] le secret peut être aussi une menace : si on lui ment, si on ne lui dit rien, on va forcément entraîner une frustration, et amener peut-être des membres de cette famille-là à être moins prudents.

Sandra : [Officiellement], je suis entrée au Ministère de la Défense. J'ai une relation de confiance avec mes parents. Donc ils y ont cru. Je me pose plus la question pour mes amis, la poignée à qui j'ai décidé de le dire, sans rien dire, plutôt de dire que j'avais un job sur lequel on ne posait pas de questions. J'estime que notre amitié réciproque et sincère est suffisamment forte pour qu'ils comprennent que, de leur côté aussi, ce n'est pas la peine de me poser de questions, ou alors, cela m'obligerait à leur mentir. Je ne suis pas allée dans le détail, pour des questions de sécurité, autant pour moi que pour eux : plus on connaît les détails d'un secret, plus il est lourd et difficile à garder, tentant de le dévoiler ou difficile à cacher.

Fabrice : J'ai des amis d'enfance sur lesquels je me suis appuyé, peu nombreux, mais très proches, et qui ont fait protection. Parce que, sinon, il y avait une incohérence dans le discours par rapport aux amis plus lointains, et ma femme aurait été toute seule à essayer de me « défendre ». Il y avait tout un groupe autour d'elle qui, quand je n'étais pas là, pouvait jouer ma propre légende, et c'était assez confortable.

Patrick : Je me suis retrouvé à un repas, un soir, invité par un camarade de promotion et tout d'un coup l'épouse de ce camarade commence à dire : « Tiens, Patrick fait partie de la DGSE » au milieu de gens que je ne connaissais pas. Et ça, faut le gérer…

Georges : Il faut essayer de trouver une réponse suffisamment bateau pour que les gens se désintéressent de vous. Vous vous apercevez qu'à partir du moment où on fait parler les gens, où on s'intéresse à eux, les gens sont flattés.

Sandra : Pour « traiter » la famille, c'est très facile, il suffit de parler de son métier comme d'un truc rébarbatif, rasoir, inintéressant, et d'un coup les questions s'arrêtent.

Victor : À l'extérieur, j'étais militaire. Souvent, les gens n'ont pas de connaissance particulière de l'armée, donc « militaire », très bien, ils s'en foutent un peu. Après, il y a les passionnés du monde militaire, et ils deviennent un peu plus précis dans leurs questions. Une bonne manière de contrer l'attitude des gens qui s'intéressent, c'est de retourner la question.

François : C'est un jour de repas dominical, chez mes parents, où nous sommes invités à déjeuner. Je suis officier de permanence au profit de la direction des opérations. Ce jour-là, j'ai cinq téléphones avec moi : mon téléphone de permanence, mon téléphone professionnel en tant qu'officier du Service clandestin, le traditionnel qui me permet d'échanger avec Grégoire, mais surtout j'ai celui de l'identité fictive, car je suis sur deux projets simultanés, qui n'ont rien à voir dans le cadre espace-temps, l'un se trouvant en Asie centrale et l'autre du côté du Moyen-Orient. Et ces identités sont différentes. L'astuce que j'avais trouvée, c'est que j'avais mis sur mes téléphones le prénom pour que « Pierre » ne réponde pas à la place de « François » et « François » à la place de « Paul ». J'avais camouflé mes téléphones dans les plantes vertes, et un de mes petits-neveux a découvert le pot aux roses en sortant mes téléphones et en me demandant ce que c'était…

JCN : *Et que lui avez-vous dit ?*

François : D'aller jouer ailleurs…

Georges : J'ai eu la chance d'avoir une femme extrêmement compréhensive, ça vient peut-être du fait que je me suis marié alors que j'étais déjà depuis plusieurs années à la DGSE, et que dans le contrat de mariage, si je puis dire, je lui ai exprimé que je n'étais pas un cadeau, car je partirais régulièrement sans pouvoir lui révéler où j'étais ni ce que j'y faisais. [Mais] j'ai en tête un certain nombre de couples qui n'ont pas survécu aux contraintes extrêmement fortes, le fait de ne pas pouvoir donner de nouvelles ni d'en recevoir, le fait d'être très éloigné de la réalité sans pouvoir partager le soir ou le week-end un certain nombre d'anecdotes.

Hervé : Pour certains, la déflagration dans la vie privée peut être un signal pour se dire [que] c'est maintenant que je dois arrêter avant de tout perdre. Ou au contraire, ça peut être un choix, comme tout le monde fait des choix de carrière. À un moment donné, on fait un choix entre sa famille, sa vie amoureuse et son métier, mais c'est à chacun de juger où le portent son esprit et son cœur.

Fabrice : C'est arrivé à plusieurs reprises, pas forcément dans notre service dit clandestin, que l'épouse ou l'époux pète un plomb et qu'on soit obligés de faire rentrer les agents parce que, sinon, chez eux, ils allaient se retrouver avec une porte close. Le service tentait de maintenir un lien entre les deux, pas toujours avec succès, mais il tentait…

XI

De la théorie à la pratique

Un ingénieur sortant d'école ne se voit pas confier la construction du viaduc de Millau. Il en va de même avec les OT qui ont besoin de faire leurs gammes. La clandestinité ne doit jamais être innée. Celui qui a trop d'assurance le paiera tôt ou tard dans une situation qu'il aura hâtivement jugée. Voilà sans doute le dilemme le plus fort auquel tout OT doit faire face d'emblée : ne jamais se défaire d'une humilité totale, confinant presque au sacerdoce, tout en ayant conscience qu'il représente beaucoup plus que sa propre personne. Le gouvernement étranger ou le mouvement rebelle qui le captureront en connaissance de cause se moqueront de démêler le vrai du faux dans son identité. En revanche, ils sauront immédiatement exploiter la valeur de leur prisonnier, qu'elle soit politique ou financière. Si l'État, à Versailles, c'était Louis XIV, les clandestins, eux, à l'autre bout du monde, ce sont la France.

JCN : Combien de temps faut-il en tout pour former un clandestin ?

Grégoire : Quelques années, entre la formation initiale et le moment où la couverture de l'OT sera suffisamment solide et étayée pour pouvoir l'engager dans des missions sensibles.

JCN : L'apprenti clandestin peut-il être mis à l'épreuve au cours d'une mission sans qu'il le sache ?

Victor : Absolument impossible. Dans la fiction ça existe, mais dans la réalité, en tout cas en France, on ne fait pas croire à des gens qu'ils partent en mission réelle alors qu'en fait, il n'y a aucun but. Une mission réelle, il y a toujours un risque, il peut toujours y avoir un moment où ça se passe mal, donc on ne va pas le faire uniquement dans le but de tester les gens. Les missions de synthèse sont très réalistes, les gens savent qu'ils sont observés, et c'est peut-être pire de savoir que l'on est observé en permanence…

Patrick : J'étais avec un stagiaire, on partait en formation sans savoir où, pendant plusieurs jours. On allait de point en point, on avait une arme. Rien de bien pénible jusque-là, si ce n'est qu'effectivement, on pouvait être abordés par des jolies femmes qui nous demandaient ce qu'on faisait. Il fallait tenir la couverture, et il y en a un qui a dit : « Moi, je suis agent du Service action, j'ai un pétard – il a montré son pétard – et voilà, je suis dans une mission pour le service. » Manque de bol, la jeune femme en question faisait partie du service, et ça faisait partie du stage… Vous imaginez les conséquences qui en ont résulté pour ce candidat…

Georges : Un des premiers exercices auxquels on doit se livrer consiste à passer une frontière avec, bien sûr, une identité fictive qui s'appuie sur un passeport, une carte bancaire, un certain nombre de contacts réels, à remplir une mission simple de renseignement dans un pays étranger. Et de retour en France, souvent les choses se gâtent puisque des fonctionnaires des douanes, qui peuvent travailler sur ce genre d'exercices avec le ministère de la Défense et la DGSE, trouvent un prétexte pour intercepter l'agent. Quand je dis que c'est un moment qui peut apparaître désagréable, c'est qu'on est « mis à poils », et on doit, vis-à-vis de fonctionnaires souvent enquêteurs, parfois zélés, justifier, démontrer avec un certain nombre d'éléments tangibles que l'on est effectivement ce Monsieur-Tout-le-Monde qui s'est rendu en Bulgarie, en Hongrie, en Jordanie avec une mission tout à fait légitime. Si les réponses que l'on apporte ne sont pas jugées suffisamment crédibles, eh bien, ça peut durer toute une nuit, voire une journée et une nuit, un peu comme une garde à vue. Et en aucun cas, bien entendu, vous ne pouvez vous permettre de sortir le joker, « Stop, je suis fonctionnaire du ministère de la Défense ».

Daniel : On ne passe pas comme ça une frontière, que ce soit en France ou à l'étranger, avec une autre identité sans qu'il y ait une petite poussée d'adrénaline. La qualité des papiers n'est pas en cause car, là-dessus, il n'y a pas de problèmes, mais au tout début, on peut considérer qu'on est un peu plus vulnérables qu'après plusieurs années de travail sous couverture.

Patrick : Au moindre contrôle, on peut se retrouver dans des situations cocasses où on n'est pas capable de répondre à une question basique. Ce qui compte, c'est d'être capable de tenir sa couverture, sinon on se retrouve rapidement embarqué au poste [...]. Il ne faut jamais oublier qu'un agent clandestin est tout seul, pas armé – parce que ça ne lui apportera rien de plus. Et il doit être capable de convaincre des gens soupçonneux que ce qu'il est en train de faire ne correspond pas aux soupçons qui sont portés sur lui.

François : Je me trouvais dans [un] pays d'Asie centrale, et le douanier m'interpelle et me demande de venir dans un petit coin à côté. Le premier réflexe qui me vient en tête : « Est-ce que je suis dévoilé ? Qu'est-ce qui se passe ? » La réalité était que dans un pays où la corruption est de mise, l'intéressé n'avait qu'une envie, c'était de me démunir des quelques dollars que j'avais en ma possession. Donc, plus de peur que de mal. Il faut rester calme, ne rien montrer, et c'est là que l'entraînement paye.

Georges : Il est toujours plus délicat de quitter le pays car, par essence, des gens qui sont seuls, qui ont pu jouir d'une grande liberté, sont considérés potentiellement [comme] des gens qui ont pu se livrer à des activités de renseignement, voire d'espionnage. Un certain nombre de pays africains considèrent que les gens qui ont un ordinateur portable et un appareil photo sont des espions. Il y a encore assez peu de temps, il y avait des pays qui interdisaient l'utilisation d'ordinateurs portables, donc vous pouvez imaginer que, quand on rentre de trois, quatre mois [de mission], [si] on n'a pas un certain nombre d'éléments concrets prouvant l'activité qu'on a eue, on est suspect. Et parfois, avant de récupérer un visa de sortie, il peut se passer trois jours, une semaine, quinze jours – ce qui m'est arrivé. Dans ces moments-là, on est seul, face à soi-même. Ce sont des moments où, forcément, on doute, mais on joue son personnage à 200 %.

JCN : Sans jamais alerter la DGSE ?

Georges : Bien sûr, on n'a pas recours au numéro d'urgence du Service clandestin. Il faut éviter de téléphoner en disant : « J'ai mal aux dents, il faut que tu me prennes rendez-vous chez le dentiste », qui peut être la phrase code pour dire : « J'ai les flics aux fesses, venez en aide. » Avant de partir, quand on passe en commission opérationnelle, on rend aux différents interlocuteurs un document classifié dans lequel toutes ces phrases sont répertoriées.

Victor : On ne vit pas dans un monde où tout est calme et serein. Il y a des services étrangers qui sont extrêmement agressifs, offensifs, et qui mènent des actions d'envergure, qui ont de très gros moyens, plus importants que les nôtres, et qui cherchent en permanence des informations. Et donc, oui, ça arrive de temps en temps, il y a des gens qui se font « tamponner » comme on dit. En fait, l'agent peut être remarqué sur le terrain parce qu'il ne peut pas faire autrement. On va le remarquer, même s'il est très discret, tout simplement parce que c'est peut-être le seul Occidental de toute la région. Parfois, les services locaux le font un peu de façon indirecte, ils viennent discuter. Et parfois, ils le font de façon directe et c'est toute la journée à discuter avec les enquêteurs. Et on est contents quand la journée se termine !

Patrick : Un interrogatoire musclé, c'est être dans un contexte de questions qui sont posées par un service de police, par un service spécial adverse. Vous êtes confronté à devoir répondre à des questions de manière rude. Là, on se retrouve tout à fait dans le contexte qu'on voit dans les films, où vous pouvez être attaqué sur le plan physique, frappé, on peut être violent avec vous. Il y a le bon et le méchant, et là vous êtes dans un contexte difficile. Moi, personnellement, je n'ai jamais subi de torture, mais on peut imaginer que ça peut aller jusque-là, et je crains que certains de mes camarades n'aient eu à subir cela.

Georges : Il est arrivé effectivement que des gens soient compromis. Un, il y a un phénomène de routine qui peut s'installer. Deux, il y a la confiance que peut éprouver l'agent au bout de six mois, au bout de deux ans, en se disant : « C'est bon, plus rien ne peut m'arriver. » À ce moment-là, on met en œuvre des actions simples d'exfiltration, voire de récupération pour que l'agent puisse être récupéré sans passer si possible par les geôles ennemies. Mais les exfiltrations *manu militari* sont assez rares, dieu merci. [Pour] un Blanc, quand il est en Afrique dans une zone de guerre, le plus grand risque c'est : un, de se faire renverser par une voiture, et deux, de se faire enlever parce que le Blanc au Nigeria, c'est le tiroir-caisse.

Fabrice : Ce sont les risques du métier. Ce qui est agaçant, c'est la sensation très forte que, si on se fait pincer, si on se fait tuer, notre unité, notre service va nous soutenir ; les échelons tout en haut, peut-être beaucoup moins...

Patrick : La règle de base, c'est que le service ne reconnaît pas les missions qui sont faites par ses agents.

JCN : *Les autorités politiques savent-elles la présence d'un clandestin, sans en connaître l'identité, dans tel ou tel pays ?*

Hervé : Je ne répondrai pas.

JCN : *Parce que vous ne le savez pas ou parce que c'est le genre de choses qui doivent rester secrètes ?*

Hervé : C'est le genre de choses qui doivent rester secrètes.

Grégoire : Le ministère [de la Défense] n'a pas connaissance de la mission puisque la DGSE est protégée par un statut – la DGSE n'est pas censée rendre compte au ministère de la Défense, elle travaille directement avec Matignon. Les missions, pas toutes, mais les plus importantes, ou les plus à risques, sont soumises à l'aval du politique, mais il n'est pas censé connaître le nom de l'agent. On lui explique simplement l'objet de la mission, son but, comment ça va se dérouler dans les grandes lignes afin d'obtenir un feu vert. Le reste, ce n'est pas du niveau d'un ministre.

Fabrice : La question, c'est : « Pourquoi on fait de la clandestinité ? » Est-ce que ça sert à quelque chose eu égard aux risques humains physiques, mais aussi aux risques diplomatiques ? Si un officier traitant en poste, c'cst-à-dire sous couverture diplomatique – un espion dans une ambassade, pour faire court – se fait prendre avec les doigts dans le pot de confiture, lui, il sera expulsé, [...] mais ça fait partie du jeu des États, c'est accepté. Le clandestin qui vit dans un pays étranger, avec ou sans réseau de sources, s'il se fait prendre, pour lui, ça va être un très gros problème. Et puis, diplomatiquement, s'il y a des preuves que la France a été impliquée, ça va être un réel problème. D'où le fait que nos autorités ont toujours une certaine réticence à utiliser ce type de sources humaines. Mais il se trouve qu'il y a un certain nombre de zones dans le monde où il n'y a pas de représentation diplomatique parce que ce sont des zones de guerre, parce que les pays ne sont pas reconnus ou pour d'autres raisons. Et donc, dans ces cas-là, il n'y a pas tellement d'autres choix que d'envoyer des agents clandestins. Ça a été toute la tendance américaine dans les années 1990 de ne s'appuyer que sur la technologie pour éviter d'exposer les agents. Et ils ont perdu beaucoup de savoir-faire avec le NOC, le *Non-Official Cover*, « leur » Service clandestin, qu'ils ont remonté après 2001 parce qu'ils se sont rendu compte que c'était bien beau d'avoir de la technologie, mais si les gens en face ne jouent pas le jeu, c'est-à-dire [qu'] ils ne se parlent plus au téléphone, ou par mail, il leur faut bien des agents au contact, et des agents humains qui [soient] capables d'interpréter ce qu'ils voient, et non pas d'écouter uniquement des signaux électromagnétiques.

Daniel : Il faut trouver le bon compromis entre un renseignement technique, indispensable, et puis sa validation sur le terrain par des sources, donc du renseignement humain. À l'issue de 2001, on s'est aperçus qu'on avait toutes les informations nécessaires, mais qu'on n'avait pas forcément pu les analyser. Donc, il a fallu mettre un petit peu plus de monde derrière les capteurs techniques. Et puis, il a fallu mettre un peu plus de monde sur le terrain parce que le renseignement, c'est un compromis, un recoupement de toutes les informations techniques, humaines et opérationnelles.

Georges : On est tous des maillons de la chaîne, tous. Seuls, on ne peut rien faire. Avec un renseignement, même s'il est le renseignement du siècle, sans être correctement exploité, transmis, on ne pourra rien faire. Donc, à partir du moment où on se considère comme de simples maillons de la chaîne, on s'appuie les uns sur les autres, on fait confiance à ceux qui sont chargés justement de venir nous récupérer à l'issue d'un voyage éprouvant. On fait confiance [à] ceux qui vont être chargés d'exploiter le renseignement brut qu'on va leur transmettre et de le diffuser aux autorités. Personne n'a la science infuse, personne n'est véritablement la star. Alors, certes, il y a des dossiers qui sont plus sexy que d'autres, parce que c'est l'actualité qui fait qu'on peut être par hasard choisi, affecté sur le dossier phare du moment. Mais les choses évoluent heureusement, et on peut passer de l'ombre à la lumière assez rapidement.

Patrick : J'ai eu la chance d'avoir un officier traitant du Service clandestin remarquable, qui est allé dans les endroits les plus dangereux de la terre, et je pèse mes mots, au contact d'hommes extrêmement dangereux, tout en ayant l'apparence de Monsieur-Tout-le-Monde. Un officier traitant qui ne disait pas un mot plus haut que l'autre, qui parlait d'une voix calme, mais qui arrivait par, je dirais, sa détermination, sa profonde connaissance de l'action clandestine, à obtenir des renseignements cruciaux. À un moment donné, dans certains pays, il était même la seule source de renseignement crédible et valable de la DGSE auprès de services insurrectionnels.

JCN : Son efficacité ne lui a-t-elle pas été par moment préjudiciable ? J'ai ouï-dire que d'aucuns, à la centrale, étaient tellement étonnés de la qualité du renseignement rapporté qu'ils en étaient arrivés à le soupçonner, de manière purement subjective, d'être l'agent des services du pays en question…

Patrick : On est toujours dans le doute et la suspicion quand tout se passe très bien. Moi, j'y vois surtout de la jalousie, ou un climat malsain de compétition. Non, on ne peut pas dire des choses pareilles de personnes qui s'impliquent autant, qui prennent autant de risques et qui rapportent autant de renseignements intéressants pour le service.

JCN : *Le Service clandestin privilégie-t-il un type de missions ?*

Grégoire : À l'époque où je prends le service [clandestin], il n'a pas une mission générique définie. Il peut aussi bien faire des missions de diplomatie parallèle que des missions de renseignement, de contact [...] qui restent à caractère très sensible.

JCN : *Comment, d'ailleurs, un chef nouvellement nommé prend-il connaissance des missions en cours du Service clandestin puisque, par essence, elles sont toujours entourées du plus grand secret ?*

Grégoire : Il y a très peu d'archives pour des raisons de sécurité. Des consignes orales se passent avec mon prédécesseur, et il y a une connaissance des dossiers qui se fait à travers des discussions avec les officiers traitants déjà dans le service. C'est quand même pour moi une découverte car on est assez loin de ce que je connais du Service action. On est là typiquement dans le renseignement clandestin, avec d'autres modes d'action, [d'autres] contraintes. C'est donc un univers que je découvre, et j'essaie de me l'approprier le plus vite possible car les opérations continuent, et ce n'est pas parce que je suis un chef de service récemment nommé que tout s'arrête et qu'on me laisse le temps d'étudier les dossiers et de connaître le service. Donc, je prends un train qui roule déjà assez vite, et il me faut appréhender tout ça très rapidement.

Daniel : Vous avez le cas d'une mission que je qualifierais de semi-clandestine : vous devez vous rendre dans un pays pour aider un mouvement insurrectionnel, un gouvernement transitoire, et là votre couverture, votre légende vous aident à passer les frontières. Une fois sur place, le chef du mouvement insurrectionnel sait que vous venez de la DGSE, il sait que vous êtes là pour l'aider, pour faire du renseignement et dans son environnement proche, son service de renseignement ou en tout cas les chefs de son service de renseignement sont au courant que vous êtes de la DGSE. Après, l'environnement plus large ne doit pas être informé – c'est toujours un peu compliqué dans certains pays de faire la coupure entre qui sait, qui ne sait pas. Vous êtes néanmoins tenu d'avoir des activités de couverture, au vu et au su de tout le monde, qui vous permettent de rester dans le pays sans attirer l'attention.

Georges : Il s'agit véritablement de placer chez un homme des informations extrêmement sensibles qui vont être relayées à un gouvernement, à un mouvement insurrectionnel. Après plusieurs mois sur un terrain, [les clandestins] ont acquis un certain nombre de connaissances, voire d'expertises, qui leur permettent parfois d'informer le gouvernement en contradiction avec la politique étrangère du Quai d'Orsay. Après, les différents ministres, ministre de la Défense et Premier ministre, et le président de la République se font leurs propres idées – ce sont des éléments d'aide à la décision, mais qui sont le plus objectifs possibles parce qu'ils proviennent d'une source, certes formée, mais [à qui il a fallu] plusieurs années parfois pour acquérir ces informations.

François : Pour résumer de manière schématique, la journée, on opère ses activités de couverture, son métier qui consiste à faire vivre cette société qui a été créée, et la nuit, on passe à autre chose, et on commence à mener ses véritables activités au profit de la maison.

Daniel : Ensuite, le deuxième cas, c'est le montage totalement clandestin. Là, personne n'est au courant, c'est-à-dire qu'on fait un démarquage complet entre vos activités de renseignement et la DGSE [...]. L'avantage d'un montage clandestin, c'est du sur-mesure, on va le monter pour être au plus près de la cible. Au début, il faut créer son réseau, il faut créer de la confiance, de l'empathie, donc on ne pose pas forcément des questions embarrassantes, on est sur un cercle large. Et puis, au fur et à mesure du temps, on va pouvoir entrer dans le détail. Le réseau va s'étoffer, et on va identifier les sources les mieux placées pour répondre aux questions.

Fabrice : Le clandestin va attirer à lui les gens parce qu'il sera là depuis des années et finalement, ce sera une espèce de jeu gagnant-gagnant. Les sources, ou les capteurs, vont venir jusqu'à lui parce qu'il est déjà un point central.

Georges : À titre d'exemple, dans un théâtre d'opération, j'ai été approché par des journalistes de France 2 qui avaient trouvé que les activités auxquelles je me livrais étaient tout à fait vendables, et qu'ils pouvaient très bien illustrer un des sujets du 20 heures avec. La difficulté à laquelle j'étais confronté, c'était qu'en aucun cas, je ne pouvais me permettre d'apparaître tel que j'étais avec mon nom d'emprunt devant un large public...

JCN : Comment avez-vous réussi à vous en sortir ?

Georges : Je n'ai pas accepté l'interview en direct. J'ai fait en sorte de mettre en scène mes équipes parce que j'avais expliqué aux journalistes que c'était plus vendeur de montrer qu'il y avait une belle solidarité locale...

JCN : *Qui, à la DGSE, fait le choix d'employer tel ou tel type de clandestinité ?*

Sandra : On choisit d'utiliser la clandestinité, qui est un moyen, et non un objectif en tant que tel, quand les autres moyens de renseignement ne sont pas suffisants. Après, ce sont des décisions plutôt confidentielles, donc je ne peux pas vous dévoiler les critères de choix de sources de renseignement.

Patrick : Vous avez une direction des opérations qui prend en compte des missions, soit qui viennent de l'extérieur du service, soit qui viennent de l'intérieur même du service. Le Service clandestin a vocation de faire du renseignement de crise, autrement dit [d'] aller dans les pays en situation de crise. S'il faut partir rapidement, on va plutôt choisir des OT aguerris qui connaissent bien leur couverture, qui n'ont pas besoin de se mettre à nouveau dans le bain, et qui sont capables de partir en moins de vingt-quatre heures, voire en quelques heures.

Fabrice : Aujourd'hui, pour moi, il y a trois types de clandestins : le clandestin qui est activable à merci, c'est-à-dire : il y a un conflit, sa légende doit lui permettre de se déplacer sur ce continent rapidement pour voir ce qui s'y passe, pour sentir l'ambiance, c'est ce qu'on appelle du renseignement de situation. Il y a [ensuite] le clandestin qui va travailler pendant des années sur une zone ; c'est vraiment un clandestin de pénétration, qui va animer un réseau de sources dans cette zone-là puisque sa légende va le conduire à poser des questions à un tas de gens, et lui-même va faire remonter l'information. Et il y a le dernier niveau de clandestins, c'est le clandestin d'infiltration, ce qu'ont fait les douanes avec les narcos, et là c'est très compliqué parce qu'il va falloir dans ce cas-là infiltrer, soit des services étrangers – ce que font très bien les Russes –, soit des groupes djihadistes – c'est très compliqué –, soit des groupes politiques – et ça, c'est peut-être plus facile.

JCN : *Et si une crise se déclenche de manière inopinée, quel type de clandestinité est préféré ?*

Fabrice : Dans le conflit chaud, [la DGSE] peut envoyer des gens du Service action pour faire du renseignement militaire, pour identifier des *targets*, et fournir les plans de frappe aux avions. Ça, c'est le côté très militaire. Ou alors, elle envoie des clandestins, mais dont la couverture est de se rendre facilement dans une zone de conflit. Le problème, c'est qu'ils vont rester un mois, au mieux, le type de renseignement sera sans doute très intéressant, mais ce n'est pas un renseignement très précis par définition [...]. Si on n'a pas anticipé le conflit, c'est trop tard.

Patrick : Sinon, on peut lancer des OT sur le terrain en leur laissant le temps de se préparer.

Grégoire : [C'est] ce qu'on appelle les missions d'opportunité, à travers les contacts et le réseau d'HC, d'honorables correspondants, c'est-à-dire de gens qui ne sont pas des agents de la DGSE, mais qui ont un lien amical ou patriotique avec l'institution, et qui généralement, résident à l'étranger. Ces gens-là peuvent aussi nous proposer des opportunités de mission en disant : « J'ai rencontré tel ou tel ministre ou homme politique ou chef de groupe de l'opposition ou de faction armée, etc., j'ai envisagé de développer tel projet en collaboration avec ces gens-là, est-ce que ça t'intéresse que je récupère quelqu'un de ton service pour le glisser dans le dispositif ? » C'est quelque chose qui arrive fréquemment et dont on est très friands parce que ça nous permet de bâtir plus facilement l'environnement de la mission de l'OT à partir du moment où c'est nous qui avons les cartes en main, et c'est nous qui bâtissons la mission.

Georges : Il est important de souligner qu'une légende et une couverture sont propres à une opération, à un dossier, et que pour des raisons évidentes de cloisonnement, un agent peut endosser une autre identité fictive avec un montage totalement différent, quelques mois après avoir lui-même eu une vie fictive parfaitement étayée. Ça demande beaucoup de réflexion et du conseil bien sûr.

Sandra : [Le Service clandestin est] une des rares unités de la DGSE, voire de la Défense, où le lien hiérarchique est très direct, et très court. Les personnels dialoguent avec leur chef, qu'ils soient militaires ou pas, très facilement. D'autant plus facilement qu'on n'a pas l'impression d'être dans un service au sens classique du terme, c'est vraiment une équipe, qui va au-delà de la notion d'équipe, on n'est pas loin d'une famille. Mon chef m'a quand même dit une fois : « J'ai juste l'impression d'envoyer ma fille sur le terrain… » Ça lui faisait bizarre, mais à lui, pas à moi ! Et il m'a quand même envoyée sur le terrain… Aucune mission n'est impossible pour une femme […]. La confiance est vraiment un élément déterminant, surtout dans l'adversité. C'est un peu comme une équipe de sport, on attaque ensemble, on défend ensemble, et on gagne ensemble. Et si on échoue, on échoue ensemble.

Fabrice : Le problème de la clandestinité, c'est que, quand il faut construire une légende et une couverture qui va durer des années, il faut que ce soit dans une zone ou sur un thème qui vont intéresser les autorités politiques pendant des années… Donc, en fait, on fait des paris. Je me rappelle très bien qu'on avait fait le pari du Sahel il y a dix ans, et on a bien fait parce qu'on sentait tous qu'il y avait une fracture forte sur cette zone-là.

Hervé : Je pense que c'est restrictif de dire que le Service clandestin ne peut être utilisé que pour des opérations en zone de guerre. Une crise est multiforme. S'intéresser au pétrole au Moyen-Orient en période de crise me semble aussi indispensable que de s'intéresser aux mouvements de troupes en Irak.

JCN : Et le Service clandestin peut-il ne s'interdire aucun pays, ennemi comme ami ?

Hervé : Je ne souhaite pas répondre.

Patrick : Le Service clandestin, quand je l'ai pris, était en plein développement. C'était plus du travail artisanal que du travail de haute couture. En montant en puissance, je me suis retrouvé dans des missions particulières auprès de grands chefs de mouvements insurrectionnels, en prise direct [...].

François : La règle veut que l'on engage des agents clandestins dans des zones qui ne sont pas couvertes par le dispositif officiel de la DGSE, quand il y a des trous. C'est le cas de l'Afghanistan dans les années 1990. C'est le cas de l'Irak, de toutes les zones de guerre, car dans les zones de guerre, il n'y a plus de représentation diplomatique. À partir du moment où il n'y a plus de représentation diplomatique, il n'y a plus de chef de poste, et donc nécessité d'envoyer des agents dont la mission est de continuer à renseigner, mais qui ne peuvent pas faire état de leur appartenance ou d'une couverture diplomatique. C'est ça la finalité d'un agent clandestin, c'est de venir couvrir le dispositif du service dans des zones non couvertes.

Fabrice : Le Moyen-Orient, le Caucase sont des zones sur lesquelles on avait investi. Je m'en souviens très clairement, nous étions autour d'une table, nous avions mis un planisphère, une carte du monde et puis, on avait sélectionné les zones de crises de l'époque et les zones de crises potentielles. Plutôt que de demander à nos grands chefs, qui auraient demandé eux-mêmes à nos grands chefs politiques [...], nous avions fait nous-mêmes notre propre planification, et on ne s'est pas trompés. Ce n'était pas extrêmement compliqué, mais comme il fallait deux, trois ans pour commencer à installer un clandestin profond, on a investi et pris des risques. Et ce chef-là, c'était aussi sa force et peut-être sa faiblesse, c'est qu'il prenait des risques sans demander l'avis de ses propres chefs.

JCN : *Ce chef, c'était Grégoire ?*

Fabrice : Oui, c'était Grégoire.

Georges : Il est un fait que Grégoire a réussi à infiltrer des agents comme moi sur trois théâtres majeurs, entre un et trois ans avant le déclenchement de guerre. [...] Ça illustre la capacité d'anticipation de ces services clandestins, et ça illustre aussi la pleine vocation qui est d'infiltrer, d'immerger des agents qu'on pourrait considérer avant comme dormants, même s'ils ne sont pas dormants puisqu'ils se livrent à des activités de couverture. Je rends hommage à Grégoire qui a eu ce talent de me confier un dossier qui pouvait apparaître à l'époque comme peu sexy, parce qu'assez éloigné des centres de préoccupation de la direction générale [...] et qui, quelques années après, s'est avéré un des dossiers les plus brûlants de l'actualité internationale.

Patrick : Je rappelle que le service, ce n'est pas le Quai d'Orsay. Ce n'est pas aller au contact des États reconnus. C'est aller au contact des gens que l'on ne peut pas rencontrer officiellement. Moi, je suis convaincu que la suppression de dialogue, quelle que soit la personne, ce n'est pas une bonne chose. Il vaut mieux toujours essayer si possible d'entretenir des relations qui ne soient pas forcément officielles ou amicales, mais au moins établir des échanges d'informations.

JCN : *Quand un officier traitant part en mission, quelle marge de liberté lui est laissée dans le recueil de renseignement ?*

Daniel : Il part avec ce qu'on appelle des orientations : les analystes vont envoyer vers le Service clandestin un certain nombre de questions auxquelles l'officier traitant va tenter de répondre, soit par observation directe, soit en s'appuyant sur le mouvement insurrectionnel, sur son propre réseau de sources, sur l'ensemble de ces capteurs. Et après, il s'agira d'envoyer cette information brute à l'analyste qui, lui, va la recouper à partir d'autres informations venant d'autres sources.

Sandra : Sur la première mission, je me souviens que mon souci était surtout de répondre aux enjeux de renseignement. Sur le passage en douane ou sur d'autres aspects pratiques de la mission, j'étais assez sereine, je me sentais bien dans mon personnage, donc pas de stress particulier. [...] Le stress est plutôt [d'] être sûre qu'on ait bien ciblé les sources, qu'on parvienne à les traiter correctement en toute clandestinité, que ni la source ni son entourage ne se doute que l'on est en train de donner du renseignement au service français, et de le ramener aussi en toute sécurité. Car on ne part pas avec des petites fiches dans les poches. Donc il y a aussi tous les moyens qu'on nous enseigne, ou qu'on nous donne quand ce sont des techniques, pour rapporter le renseignement. On a le stress de bien les utiliser.

Daniel : L'officier traitant connaît bien la situation locale, donc il n'a pas nécessairement besoin de noter ces questions, il les connaît et il est en mesure après d'orienter ses sources [...]. Si ce sont des questions un peu pointues, avec toute une liste de noms, etc., un moyen de communication chiffré permet de recevoir [ces] questions et d'y répondre de façon à ce que ces informations, *primo*, ne soient pas « cassées » par un autre service [...], et de façon aussi que ce moyen de transmission ne dévoile pas que la structure clandestine est liée à la DGSE.

JCN : On peut donc transmettre sans éveiller la curiosité des services locaux ?

Daniel : Tout à fait. Si le chiffre est cassé quelque mois après, le contenu a nettement moins d'importance. Ensuite, en termes de données techniques, l'idée est que la transmission se fasse à partir de moyens du mouvement insurrectionnel, et non pas à partir des transmissions de la structure de couverture.

JCN : Peut-on dire de manière générale que les mouvements insurrectionnels soutenus par la France sont systématiquement équipés par la DGSE ?

Daniel : Ils sont équipés de moyens de communication pour transmettre de l'information à la DGSE.

JCN : *Et comment le clandestin, dont personne sur le terrain ne connaît le véritable dessein, opère-t-il pour envoyer ses renseignements à la DGSE ?*

Sandra : On est loin des films de science-fiction, avec une puce derrière l'oreille, mais il y a à la fois des techniques de mémorisation, de transmission et des outils qui nous permettent de transmettre le renseignement de façon cryptée. Il n'y a pas forcément besoin de gadgets, de grandes technologies, [...] au contraire : une couverture qui puisse justifier d'utiliser des technologies de pointe, c'est un peu compliqué, ou ça se dévoile tout de suite. Le plus souvent, on utilise des moyens lambda qui sont déjà utilisés par n'importe quels citoyens ou voyageurs, mais d'une façon détournée, ou un peu spéciale... Encore une fois, je ne peux pas vous en dire plus, mais il ne faut pas imaginer des tas de gadgets comme dans James Bond ou Jason Bourne. Non, ça peut se faire très simplement, plutôt à la MacGyver.

JCN : *La clandestinité coûte-t-elle cher de manière générale ?*

Daniel : Le renseignement opérationnel est peu onéreux en comparaison d'autres. Parce qu'on va monter une société [de couverture], et au bout d'un certain temps, la société génère ses propres fonds, donc elle s'autofinance.

Grégoire : Au regard du faible effectif du service, si on fait un ratio coût/homme, c'est un budget considérable. Néanmoins, on n'a pas besoin de gros moyens techniques, donc le budget est consacré à la préparation et à la réalisation des missions.

XII

De la Somalie à la Somalie

Le clandestin a reçu une nouvelle mission. Très peu de ses concitoyens savent qu'il s'envole pour un pays d'Asie centrale dont l'actualité se moque éperdument. Peut-être les autorités politiques elles-mêmes s'interrogeraient-elles sur l'opportunité de pareille mission si elles en avaient entière connaissance. La DGSE et ses homologues dans le monde sont les joueurs d'une partie d'échecs dont les règles évoluent sans cesse. Il s'agit de se positionner non pas là où les balles sifflent, où un marché se conclut, mais où les unes siffleront peut-être, et où l'autre se conclura éventuellement. De là, la nécessité d'anticiper, de lire le monde d'une certaine manière, non conventionnelle. L'audace n'étant pas vertu commune, à la DGSE comme ailleurs, des ratés sont parfois à déplorer. Telle crise majeure a pu s'ouvrir sur la planète alors que les missions présentes sur place depuis une quinzaine d'années en avaient été retirées seulement quelques mois auparavant parce que la direction avait estimé que leur rendement était insuffisant… Les OT à l'étranger sont des capteurs dont l'efficacité dépend de la lucidité de leurs chefs à les placer aux bons endroits. Celui qui, dans une classe, glisse au hasard un thermomètre dans la bouche d'un enfant a toutes les chances de ne jamais savoir lequel a la grippe...

JCN : *Un chef de mouvement insurrectionnel est une cible de prédilection pour le Service clandestin. Qu'est-il attendu de lui en général ?*

Daniel : On attend de lui qu'il nous fournisse du renseignement sur la situation locale, qu'elle soit militaire, politique, et il ne fait pas ça uniquement parce que c'est la France, il fait ça parce que la France va le soutenir en termes de formation, en termes d'armement. On va bien sûr, même si c'est un ami, [se] renseigner sur lui – c'est toujours intéressant d'en connaître ses chefs, ses adjoints, son organisation – mais surtout, ce qui va nous intéresser, ce sont les mouvements insurrectionnels contre lesquels il se bat. Prenons l'exemple de Massoud en Afghanistan : ce sont moins Massoud que les Taliban qui intéressait la DGSE. S'il fait un prisonnier, c'est toujours plus intéressant d'avoir un officier traitant sur place qui est en mesure de participer à l'interrogatoire que d'avoir l'information par une source ou par différents rebonds.

JCN : *Pour vous qui avez été amené à passer de l'un à l'autre, plusieurs fois par an, ces grands chefs d'insurrection ont-ils des points communs ?*

Patrick : La plupart sont morts violemment, mais je dirais que ça fait un peu partie du costume des chefs de mouvements insurrectionnels. Peu d'entre eux meurent dans leur lit, et beaucoup prennent des risques physiques importants. Ça a été le cas de Massoud, d'Aïdid, de Savimbi... Ça a été le cas de beaucoup d'autres...

JCN : Et de leur vivant... ?

Patrick : J'étais frappé par le charisme de nombreux grands chefs. On n'est pas leader d'un mouvement insurrectionnel par la volonté du Saint-Esprit. On se retrouve à la tête de guérillas parce qu'on a la volonté de s'impliquer soi-même dans des actions de longue durée, dans des conditions difficiles, dans la jungle, dans les montagnes, dans le désert. En général, l'accueil est toujours favorable [...]. Souvent il y a un conflit en cours, on parle de situations graves, de pertes d'hommes, de pertes matérielles, de pertes de villes, d'attaques sur la population civile, voire de famine. Je me suis retrouvé à plusieurs reprises dans des conditions extrêmes, [à la] limite du génocide. On se retrouve en face de personnes qui exposent clairement la situation, on a l'occasion d'aller constater *de visu* ce qu'il se passe. On voit l'état réel de la situation.

Sandra : L'OT clandestin ne touche pas forcément du renseignement de haute valeur ajoutée. N'importe quel renseignement, à partir du moment où il ouvre la porte d'un éclairage, d'une connaissance que l'on n'avait pas, ou qu'il aide à prendre une décision, il est important, il fait partie de toute une chaîne de renseignement.

Daniel : Un renseignement n'a de valeur en soi que s'il est recoupé par d'autres renseignements. Un renseignement tout seul, s'il est livré, il le sera forcément avec beaucoup de prudence, parce qu'effectivement il peut y avoir intoxication. Il me semble que pendant la deuxième guerre du Golfe, la présence d'armes chimiques dans l'arsenal de Saddam Hussein n'a jamais été prouvée. Or, on a bien essayé de nous le faire croire. Je ne dis pas que ça n'existait pas, je dis qu'on ne l'a jamais trouvée, et que nombreux sont ceux qui ont essayé de le dire sans jamais le prouver. Ils ont vu des camions passer, mais personne d'autre ne les a jamais vus – ça allait dans le sens d'autres services.

JCN : *Mais alors, quand la CIA a défendu la présence d'armes de destruction massive en Irak, elle a elle-même été intoxiquée ?*

Daniel : Ça, je ne sais pas. Maintenant, il me semble que, quand la France décide de ne pas intervenir en Irak, c'est que, finalement, elle a peut-être eu un bon renseignement qui a permis à monsieur de Villepin de ne pas mettre le doigt dans l'engrenage...

JCN : *Est-ce qu'on peut dire que la DGSE, à ce moment-là, a affirmé qu'elle, elle ne croyait pas à la présence d'armes de destruction massive en Irak ?*

Daniel : Elle a sans doute émis un avis dans ce sens-là, oui...

Michel : Je gérais les sources qui travaillaient sur les armes de destruction massive [...]. Il est évident qu'essentiellement sous la pression américaine, nous avions fait un effort énorme sur l'Irak. Et un jour, nous avons été convoqués par le directeur[1] : « Il y en a ou il n'y en a pas ? Je pars à l'Élysée dans une heure, je veux une réponse. » Mon ami l'analyste a dit : « Il n'y en a pas pour les raisons suivantes », et moi, j'ai dit : « Écoutez, je ne peux que valider les sources qui sont citées, et notre conclusion c'est que, non, il n'y en a pas. » Le directeur nous a remerciés, il est parti à l'Élysée, et peu de temps après il y avait le discours de Villepin à l'Onu...

1. Il s'agit de Pierre Brochand.

Fabrice : Je suis très fier qu'on ait fourni les éléments à nos hommes politiques, qui, pour une fois, s'en sont emparés et les ont pris à leur compte... ce qui n'est pas toujours le cas. Ça nécessitait d'énormes investissements techniques, des investissements clandestins, des investissements plus classiques, plus conventionnels... Il a fallu travailler à la fois de Vienne où il y a l'AIEA[1], sur le terrain, on a exploré énormément de scénarios pour pouvoir travailler, mais notre service de contre-prolifération est un des meilleurs au monde. Si on n'avait pas travaillé depuis des années [en Irak], jamais on n'aurait pu avoir cette position.

JCN : Norman, Grégoire, Patrick, de quelle mission clandestine gardez-vous un souvenir singulier ?

Norman : J'ai évolué en zone Caraïbes pendant près de quatre ans, et sous identité réelle parce que j'étais en famille. Ma femme, à la limite, aurait pu être sous IF, mais [pour] les enfants, c'est un peu plus dur, donc j'ai été implanté sous identité réelle, et sous couverture. Une couverture qui n'était évidemment pas diplomatique, donc qui était liée à mon activité sur le terrain, en fonction de l'endroit où je me déplaçais. Le but était de recueillir du renseignement sur les menées, dites à l'époque, soviéto-castristes, à l'encontre de nos départements d'outre-mer. Elles avaient plusieurs objectifs : notre centre de tir en Guyane, le fait que nos avions qui se déplaçaient vers la zone de nos essais nucléaires transitaient par [les Antilles], d'autre part, ils manipulaient, orientaient tous les mouvements dits de libération antillais. Les Cubains

1. Agence internationale de l'énergie atomique.

travaillaient contre nous, actionnés, téléguidés, orientés par les services russes, le Parti communiste russe bien sûr, et français. L'action de ces services était très variable ; en particulier, à Grenade, les Américains craignaient qu'ils n'y installent aussi des missiles.

Grégoire : Dans les zones de conflit déclarées, c'était quelquefois difficile de projeter un OT. L'un de mes équipiers a fait cette proposition ingénieuse d'acheter des reportages de journalistes étrangers étant eux-mêmes issus des zones de conflit qui nous intéressaient. On a donc créé une petite société qui avait des bureaux tout à fait anodins dans Paris. Le hasard ou la chance a fait qu'on a pu contacter, à travers cette société, une journaliste dont le frère était officier des forces spéciales d'un pays [où nous voulions opérer]. Elle obtenait d'excellents renseignements sur la situation militaire et elle a donc travaillé inconsciemment pour nous pendant quelque temps. Mais on avait le souci de crédibiliser notre structure puisqu'il ne s'agissait pas simplement de lui dire « On achète tes reportages ». La chance a fait qu'un jour, elle nous a envoyé une cassette vidéo représentant une scène assez prenante, parce qu'on voyait dans le regard de rebelles arrêtés qu'ils se savaient condamnés à mort. Cette vidéo m'a interpellé, j'ai immédiatement appelé un [de nos] honorables correspondants, je l'ai rencontré à Paris, je lui ai remis la cassette et je lui ai dit : « Regarde, dis-moi ce que tu penses. Le deal que je fais avec toi, c'est que, si jamais tu estimes que c'est intéressant, tu te débrouilles pour faire paraître ce doc à la TV française. » Il a regardé la cassette, il m'a rappelé dans les deux heures qui suivent, et m'a dit : « C'est excellent, je m'en occupe. » Et le lendemain, ou le surlendemain, [ça] passait en boucle dans une grande chaîne de TV française…

Norman : En ce qui me concerne, il s'agissait de l'exfiltration d'une personnalité dans un pays en guerre. Visiblement, le service, donc le gouvernement français, souhaitait récupérer cette personne avant qu'elle ne soit arrêtée, soumise à question. Bien évidemment, j'étais sous IF et il convenait de prendre contact avec cette personne qui pouvait être l'objet de surveillance, et ensuite, de la préparer à l'exfiltration, c'est-à-dire, au changement d'apparence, avec perruque, tout ce qu'on peut imaginer, et qu'on voit dans les films, plus une fausse identité. En fait, on peut comparer avec ce qu'il s'est passé dans le film *Argo*[1]. La couverture m'avait été donnée par une société encore implantée dans le pays. Ça a duré près de trois semaines. Il a fallu travailler sur les papiers d'identité, donc lui faire apprendre sa légende puisqu'il avait changé de nom, de nationalité, voire de langue. Le nouveau passeport, évidemment, je ne pouvais l'avoir dans ma chambre d'hôtel, donc je le faisais travailler sans documents réels, les vrais documents étant apportés ultérieurement par un OT du service […]. Je n'avais pas [non plus] la perruque avec moi, mais je lui expliquais qu'il serait désilhouetté au dernier moment […]. Je lui avais dit que la voiture serait à tel endroit, il y est allé, le coffre devait être ouvert, il a récupéré les papiers et il est parti tranquillement. À ma connaissance, ça s'est très bien passé [ensuite] puisqu'il est arrivé en France.

1. Le film raconte comment, en 1979, la CIA a exfiltré d'Iran une partie du personnel diplomatique américain.

Patrick : J'évoquerai pour ma part un sujet particulier, aller au contact d'un chef de mouvement insurrectionnel pas très sympathique, le général Aïdid[1] en Somalie. Se retrouver au contact de personnes comme ça, même si on passe par des recommandations, c'est toujours un moment un peu tendu, parce qu'on sait qu'on a en face de soi un homme qui n'a pas d'état d'âme et qui peut, d'un simple claquement de doigts, vous envoyer *ad patres*. J'étais tout seul, toujours tout seul, c'est des missions clandestines où on va au contact en faisant confiance aux personnes qui vous recommandent. Cet homme-là, en l'occurrence, était recherché, il vivait de manière très cloisonnée avec le risque permanent de se faire flinguer. Ce n'était pas une brute sur le plan physique du terme, en revanche, j'ai senti un homme déterminé, peu sympathique, un chef de guerre, avec beaucoup de dureté dans son regard. Il a longuement regardé mes papiers, qui étaient bien entendu faux [...] – je n'étais pas reconnu comme agent des services parce que, sinon, mon sort était réglé. Il les a regardés, scrutés pendant de longues secondes, de manière soupçonneuse. On était dans une cave, dans un quartier complètement paumé d'une ville africaine, avec ses hommes, armés de Kalachnikov, avec une petite lumière, et pendant ce temps-là, à la façon dont il me regardait, je me demandais si je n'allais pas rester dans cette cave *ad vitam aeternam*.

---

1. Le Général Mohamed Farrah Aïdid a été l'un des principaux leaders de l'insurrection qui a provoqué la chute du président Siad Barre en 1991. Quatre ans plus tard, il s'autoproclame président de la Somalie sans être reconnu par la communauté internationale.

JCN : *Et qu'est-ce qu'on se dit, à ce moment-là ?*

Patrick : Vous vous dites, pendant ces deux minutes, que votre sort est entre les mains de gens que vous ne connaissez pas, que vous n'avez jamais vus. C'est un moment intense, c'est difficile à décrire parce que c'est à l'intérieur de vous-même. Ce n'est pas une action violente comme une action de guerre où vous avez des bombardements, où on vous tire dessus, ce n'est pas ça. C'est un contexte de tension extrême où vous vous sentez totalement vulnérable et totalement lié à ce que vous avez appris en stage, les notions de couverture, respecter totalement la règle de l'agent clandestin qui est de rester dans sa ligne directrice, tenir ce qu'il a à dire [...]. Vous savez pertinemment que la moindre émotion négative que vous allez manifester, le moindre stress que vous allez ressentir, trembler, avoir des sueurs ou être nerveux peut être mal jugé, mal perçu et peut insinuer que vous êtes un espion. Tout ça, ce n'est pas rien. Pour moi, [ce sont les] deux minutes les plus intenses de ma vie professionnelle de clandestin. Pourtant, j'ai vu beaucoup de situations, j'ai vu beaucoup de pays en guerre, mais là, ces deux minutes au fin fond d'une cave, je ne les oublierai jamais. De loin, les pires de ma vie.

JCN : *Et en l'occurrence, si les Somaliens vous avaient capturé, comment le service aurait-il pu l'apprendre ?*

Patrick : J'avais un système d'appel téléphonique démarqué : si je n'appelais pas la centrale, au bout d'un certain temps, on savait où j'étais approximativement, dans quel quartier de cette ville.

JCN : *Que pouvait espérer la DGSE de ce genre de rencontre ?*

Patrick : Aïdid était un des chefs de mouvements insurrectionnels qui tenaient une partie du territoire somalien. Ce n'était certes pas le plus sympathique, mais il avait beaucoup de pouvoir à l'époque. Aller à son contact, et essayer de connaître ses intentions en termes de développement politique, en termes d'échanges d'informations pour essayer de trouver une solution [au] problème grave dans lequel se trouvait la Somalie, ce n'était pas idiot. Je pense qu'on aurait pu établir ce contact, mais il n'a pas duré puisqu'il s'est fait supprimer dans les semaines suivantes…

François : Toutes les missions, vous avez peur. Celui qui n'a pas peur est un menteur. C'est une fois l'opération déclenchée qu'on a de l'adrénaline et qu'on n'y pense plus, mais ce n'est pas parce qu'on n'y pense plus qu'on n'a pas peur.

Patrick : Je me suis aussi retrouvé au fin fond de forêts africaines, à devoir marcher, tout seul, pendant plusieurs kilomètres. Il y a toujours en effet un *no man's land* entre le gouvernement [et] le mouvement insurrectionnel […]. J'ai été amené [une fois] par un moyen tout à fait classique, par des personnes recommandables, qui, à un moment, m'ont dit : « Descendez de la voiture. Au-delà de cette limite, nous, on n'y va pas. C'est par là, débrouillez-vous. » C'est toujours un peu délicat de se retrouver comme ça, dans un lieu qu'on ne connaît pas, qu'on n'a pas repéré, et de devoir aller au contact de gens qui sortent de la forêt avec des armes, et vont se demander ce qu'ils vont faire de vous…

François : Il y a des fois où on se dit : « Que diable fais-je dans cette galère ? » Mais en général, on évite de se poser ces questions sur le moment. On se les pose une fois rentré en zone de repos, où on peut laisser retomber la pression. Ça fait partie du quotidien, du métier et de la dose d'adrénaline que les agents de renseignement viennent rechercher.

Hervé : La peur intervient souvent après, en se disant : cette fois-ci, ce n'est pas passé loin, ou : j'ai eu de la chance. Mais je n'ai pas le souvenir d'avoir eu peur en mission, tout simplement parce qu'on est tout de même assez stables dans notre préparation, on essaie de prévoir au maximum les incidents qui pourraient se produire. On a une part d'incertitude, une part de risques qu'on accepte.

Victor : Les techniques de relaxation, tout ce qu'on peut mettre en place, c'est super, mais fondamentalement, si on n'est pas fait pour ça… Il y a une sélection, c'est aussi fait pour repérer les gars qui vont être les plus à même de ne pas stresser dans les situations délicates.

Daniel : On se fixe une limite à ne pas dépasser, on la sent quand on est sur le terrain parce qu'on a une certaine habitude au fur et à mesure des missions. Si j'avais poussé les limites trop loin, je pense que je ne serais pas là pour en parler.

JCN : *Le chef de service vit-il avec l'appréhension de l'arrestation des officiers traitants qu'il envoie partout dans le monde ?*

Grégoire : Bien sûr, on a ça en permanence en tête, notamment avec les risques de prise d'otage qui sont des modes opératoires très pratiqués dans des régions où on évolue. C'est un peu la hantise [...]. On a eu des périodes de tension, dans certains endroits, qui faisaient penser que notre dispositif avait été identifié, soit par hasard, soit par erreur. À partir de là, on se met en alerte, et on procède à une évacuation d'urgence si besoin.

JCN : Comment est vécu un drame, à l'intérieur de la DGSE, comme à l'extérieur, tel que celui du sous-officier du SA, Denis Allex, arrêté en mission avec son camarade Marc Aubrière, le 14 juillet 2009, à Mogadiscio, et tué lors de la tentative de libération dans la nuit du 11 au 12 janvier 2013 ?

Fabrice : En tant qu'ancien clandestin, on le vit en se disant que ça aurait pu être nous. La plus grande crainte de tous mes camarades, c'était l'enlèvement, ce n'était pas la mort. Pire, l'enlèvement ès qualités, c'est-à-dire que les gens en face savent exactement qui vous êtes. Là, vous allez passer des moments très compliqués...

Victor : La situation dans laquelle il s'est retrouvé, c'est exceptionnel, unique. Je ne sais pas si d'autres militaires français ont vécu ça. À mon sens, pas depuis les soixante dernières années.

Daniel : Il a vécu dans des conditions horribles, donc forcément c'est quelque chose qui émeut au plus profond de soi-même.

Sandra : On ne peut qu'être affectés. Parce qu'on a œuvré à l'unité clandestine, on sait très bien dans quelles conditions il est parti, quelles prises de risques il a choisi d'assumer pour la sécurité de son pays, jusqu'au péril de sa vie.

François : Je vais être direct : ce sont les risques du métier. C'est toujours tragique de voir [ainsi] des frères d'armes qu'on a connus, et j'avais connu Denis Allex.

Malheureusement, cette vie, on en connaît les risques quand on l'épouse, et il n'est pas question de revenir dessus.

JCN : *En l'occurrence, les Somaliens ont rapidement eu confirmation par la presse que leurs otages appartenaient au service…*

François : C'est un sujet épidermique…

Georges : On ressent un peu une forme de révolte…

Daniel : La seule chose que je pourrais dire en termes de traitement [médiatique], c'est que dans les jours qui ont suivi sa capture, on a pu dénoncer sa couverture et annoncer d'emblée qu'il était un agent de la DGSE. Je pense qu'on aurait pu éviter de le faire…

JCN : *« On », vous pensez à des journalistes ?*

Daniel : Je pense aux médias. Je pense que les médias auraient pu éviter, dans les deux jours qui ont suivi, de révéler l'appartenance de Denis Allex à la DGSE.

JCN : *Vous pensez que cela a eu des conséquences sur son traitement par ses geôliers ?*

Daniel : Forcément. Ça durcit la négociation, ça lui donne beaucoup plus de valeur, et sur le plan physique et psychologique, je pense que c'est plus compliqué.

Grégoire : « On ne s'intéresse pas aux trains qui arrivent à l'heure. » De la même manière, les missions qui fonctionnent, la presse, les médias en général n'[y] auront pas accès, ou des années plus tard. Par contre, celles qui échouent sont connues immédiatement et font l'objet d'un battage médiatique, puisque tout ce qui concerne les services de renseignement, c'est vendeur.

Sandra : C'est le jeu des médias de rapporter de l'information. Non, je n'ai pas d'amertume, j'ai vraiment du respect pour ces autres activités qui font comme nous à la DGSE, du mieux qu'ils peuvent dans leur métier, pour répondre au besoin d'informations, d'explications, de traces dans l'histoire.

Georges : On voit bien que les moyens qui sont mis en œuvre pour assurer, ne serait-ce qu'un comité de soutien, le traitement qui est consacré à ce genre d'événement, dépendent des pouvoirs publics, des entreprises. On se dit qu'il y a deux poids, deux mesures. [Surtout] quand on voit que ce genre d'agent croupit au fin fond de la Somalie, que sa famille ne fait pas de bruit, alors que des journalistes qui n'ont pas respecté des consignes assez précises liées à la dangerosité de terrain font la une de l'actualité – alors qu'une fois encore, ils ont enfreint des règles de sécurité à la recherche d'un scoop. Je pense qu'avant trois ans et quelques mois, il y avait peut-être moyen d'essayer de trouver les solutions de sa récupération.

Benoît : Ce sont forcément toujours des moments où on pense à ce que représente cet engagement.

Hervé : C'est la pire des choses qui puisse arriver à un OT clandestin, donc évidemment il y a de l'empathie. Mais je ne souhaite pas en parler… Ça appartient à ceux qui font partie de cette famille. Donc, nos peines, on les garde pour nous.

Victor : C'est vraiment très dur à gérer. C'est la chose la plus difficile à mon sens, car même si on essaie d'être toujours dans le rationnel, de ne pas être dans le registre de l'émotionnel, on est des gens normaux.

Patrick : On se sent solidaires. Si je me sens solidaire des jeunes, je me sens solidaire de tous les OT qui ont été présents dans le service depuis que j'en suis parti, et il y a un lien très fort. Mais on n'a pas besoin d'être présent, c'est dans la tête, on est dans une famille qu'on ne quittera jamais.

Vincent : Ce qui est important, c'est de savoir qu'il y a un service, qu'il ne laissera pas tomber [ses agents], même s'il y a des coûts…

Daniel : Quand un des nôtres est dans une situation difficile, c'est toute la DGSE qui est derrière. Toute la DGSE. Même ceux qui ne le connaissent pas, que ce soient les analystes, les exploitants du domaine technique ou les opérationnels. La détention a duré trois ans, et forcément les équipes sont amenées à tourner, sur le terrain, mais également les équipes au centre de situation. [Pour] les personnes qui sont là pour analyser le renseignement, faire le point [avec le] directeur général, réorienter les différentes sources et capteurs sur le terrain, c'est du vingt-quatre heures sur vingt-quatre. Il faut faire tourner les équipes, c'est usant, il faut mettre du sang neuf, reprendre le dossier autrement, reprendre toutes les pistes.

Victor : C'était une situation très compliquée à régler, on était toujours dans la recherche d'une solution, ce qui demande énormément d'énergie, d'investissement, d'espoir pour que ça se termine bien. Et puis, ça s'est terminé comme on le sait, on est forcément très touchés pour la famille.

Georges : On ressent beaucoup de tristesse parce qu'il est allé au bout de sa mission, il est mort dans des conditions affreuses.

Grégoire : Denis est un garçon que j'ai eu l'honneur d'avoir sous mes ordres [...]. C'est à la fois un équipier très professionnel, multicompétent, et un garçon très attachant, quelqu'un de très équilibré, calme, sensé. La nouvelle de sa mort a été vécue par moi, comme par tous mes camarades, comme un grand drame. Maintenant, par égard pour sa famille, je n'en dirai pas plus.

XIII

Le cas Massoud

Retour en Afghanistan. De Moscou à Washington, en passant par Londres, Téhéran et Islamabad, c'était un secret – oui, mais de Polichinelle : Massoud était le champion des Français dans cette partie du monde que l'immense majorité aurait peiné à situer sur une carte. Toutefois, ce qui était une évidence à l'extérieur de la DGSE l'était souvent moins à l'intérieur. Le débat a été vif pour savoir si le Tadjik méritait l'attention, particulièrement après le départ de l'URSS. Le farouche commandant des Moudjahidines se transforma en 1992 à la fois en ministre de la Défense d'un fragile gouvernement afghan et en chef de guerre implacable contre les factions opposées. De 1992 à 1996, Kaboul est rasé, suscitant l'exaspération d'une population qui ne tarde pas à accueillir les Taliban en libérateurs. Revenu de force dans « sa » vallée du Panshir, Massoud change alors à nouveau de veste, endossant désormais celle de l'opposant farouche au nouveau régime. Autant le dire : à chacune de ces étapes, la question du maintien de la liaison fut débattue au sein de la DGSE. Et c'est légitime car, dans le cas inverse, cela aurait signifié que le soutien n'avait que peu de valeur. Massoud n'a sans doute jamais su combien les officiers français qu'il vit venir à lui durant toutes ces années ont dû faire preuve d'acharnement, autant pour rejoindre son pays dans les pires conditions que pour le défendre en France, au beau soleil d'un pays se croyant en paix…

JCN : Au début des années 1990, l'un des plus gros dossiers du Service clandestin est la liaison avec le commandant Massoud. Pourtant, l'URSS a quitté le pays en 1989…

Patrick : On est dans un contexte, ces années-là, où les différents chefs de guerre afghans se font la guerre. C'est dramatique en un sens : ils ont réussi à mettre les Soviétiques dehors, ils se retrouvent entre eux, et qu'est-ce qu'ils font ? Ils ne font que se taper dessus pour prendre le pouvoir. Il était intéressant d'aller au contact de Massoud. Massoud, c'était un grand chef de guerre, tout le monde le reconnaît. On avait une relation avec lui, faite du soutien aux Tadjiks dans la vallée du Panshir pendant toute la guerre contre les Soviétiques, une relation de confiance. Aller à son contact dans un contexte délicat de guerre, c'était vraiment un moyen important pour la France de se faire une vision de la situation en Afghanistan, et de prendre les bonnes décisions en termes d'assistance, en termes d'opérations, voire de soutien.

JCN : Qu'apporte-t-il de son côté à la DGSE ?

Patrick : Le gros sujet de l'époque, c'étaient les camps d'entraînement « arabes » – on les appelait comme ça : les camps d'entraînement où il y avait beaucoup d'étrangers restés en Afghanistan à l'issue de la guerre contre les Soviétiques ou venus [après] pour s'entraîner et lutter. C'étaient les prémices du mouvement islamiste. Et c'est à ce moment-là que nous avons demandé à Massoud de nous aider parce qu'il était fermement convaincu que ces camps d'entraînement [allaient] à l'encontre de l'islam d'une part, et d'autre part à l'encontre du développement de son pays. Et il n'a pas eu tort…

JCN : *À la fin des années 1990, pourquoi cette liaison avec Massoud prend-elle plus d'ampleur encore alors que le monde semble se détourner de la zone ?*

Grégoire : La liaison existe depuis plusieurs années, donc je n'en revendique aucunement la paternité. J'ai la chance à cette époque-là d'avoir un chef de mission qui s'investit pleinement dans ce dossier, qui va très régulièrement et pour des durées assez longues en Afghanistan, et qui réussit à nouer une véritable relation de confiance, presque amicale avec le commandant Massoud. Ce qui nous permet d'avoir une vue beaucoup plus précise de la situation en Afghanistan, de la position de Massoud et de ses problèmes. Il y a eu des époques où était évoqué le fait que Massoud était *has been* et ne présentait plus beaucoup d'intérêt. Donc, il a fallu se battre, intensifier les missions et la collecte de renseignements pour montrer qu'il y avait toujours un intérêt à garder un contact étroit avec Massoud.

François : Ces renseignements sont principalement d'ordre militaire : savoir qui fait quoi sur le terrain, face à qui, les alliances. Quels sont les financements de ces alliances, comment ça s'opère. Et surtout, avec l'émergence d'Al-Qaïda dans les années 1998-1999, et Ben Laden, c'est du renseignement de type contre-terroriste. Voilà le type d'informations qu'on va chercher sur le terrain.

Grégoire : Les renseignements concernent les Taliban qui se sont déjà emparés d'une partie du pays, et qui ont la velléité d'éradiquer le Panshir, donc de supprimer Massoud. Ça concerne aussi la capacité propre à Massoud et à son parti de résister. Ça concerne [enfin] les soutiens extérieurs dont peuvent bénéficier Massoud ou inversement les Taliban. Bref, tout ce qu'on appelle du renseignement d'ambiance, qui nous permet de décrypter un peu la situation réelle du pays à cette époque-là [...]. Cela a été fait parfaitement par mon chef de mission de l'époque.

JCN : *C'était François ?*
Grégoire : Oui.
François : Je prends le dossier officiellement en février 1999. Je ne cache pas qu'à l'époque, le centre névralgique des réflexions d'un militaire de carrière n'est pas l'Afghanistan... À raison d'une ou deux séances de trois, quatre heures par semaine, [un] proche du commandant Massoud, qui est son représentant officiel en France à l'époque, va me former [...]. Qu'est-ce que l'Afghanistan ? Qu'est-ce que sa culture ? Qu'est-ce que l'ex-Alliance du Nord[1] ? Qu'est-ce que les Taliban, un Pachtoune, un Tadjik, un Ouzbek, un Hazara, un Ismaélien... ?

JCN : *En quoi consiste la liaison avec Massoud quand vous la récupérez ?*
François : Ce sont des missions de va-et-vient, des missions temporaires. Le service est aussi au contact du

1. Créée en 1996 par le commandant Massoud, elle fédéra des factions moudjahidin autrefois rivales pour le combat contre les Taliban.

commandant Massoud à travers une liaison cryptée quotidienne. On procède à un échange d'informations, principalement ce qu'il se passe sur le terrain. En contrepartie, le service soutient physiquement, en termes d'équipement et de formation, les services du commandant Massoud. Lorsque je mène ma première mission en mai 1999, on continue à faire des missions de va-et-vient. Le point fort à l'époque de Grégoire, c'est de se dire : comment transformer cette mission d'intervalle, qui consiste à envoyer deux à trois fois par an des missions de contact, comment obtenir des informations plus précises, pour être présents physiquement, voir venir la crise et être là quand la crise va se déclarer ? Le directeur des opérations dit : « Je veux un effet immédiat sur le terrain, je veux une présence permanente, donc François va passer six mois d'affilée dans la vallée du Panshir… » Quand on connaît la vallée du Panshir, quand on voit comment elle est enclavée, isolée du reste de l'Afghanistan, quand on connaît la personnalité du commandant Massoud qui n'aime pas être suivi, qui aime bien sa liberté, c'est une mission quasi impossible ! Avec Grégoire, on va définir un autre concept, dont la finalité sera bien d'avoir un dispositif permanent sur zone, mais au lieu de le monter en Afghanistan, on va le monter [dans un pays limitrophe]. Pourquoi là-bas ? Massoud y a toutes ses bases logistiques, tous ses soutiens s'y trouvent, c'est là où il vient se ressourcer, où il reçoit les appuis logistiques des Iraniens, des Indiens, des Russes – parce que les Russes sont également très présents. Donc, l'idée va être de monter cette structure permanente [dans ce pays], de manière à être au plus près de ses services, de sa base arrière et, à partir de là, de faire des missions de va-et-vient, plusieurs fois par an.

JCN : *Vous n'y avez jamais eu de sentiment d'insécurité ?*

François : Nous sommes dans une zone d'obédience russe, culturellement russe. Donc, il est évident qu'à partir du moment où on va travailler dans leur zone d'engagement, on rentre dans leur cercle de surveillance. Ça fait partie des prérequis. On estime qu'on va être *a minima* suivis, plus ou moins repérés. Mais, pour nous, la menace russe n'est pas importante, car nous avons des intérêts communs [...]. La menace qui pèse sur le reste de l'Empire russe, c'est le fondamentalisme d'Al-Qaïda. Donc, pour lui, l'ennemi d'hier, Massoud, va devenir l'allié du moment. Les services russes n'auront de cesse d'observer ce que peuvent faire les Français. Fort heureusement, je vais pouvoir masquer une partie de mon dispositif et détourner l'attention vers une autre structure française [...] qui n'y est pour rien, mais c'est elle qui va focaliser l'attention...

JCN : *Vous disiez que la capitale de ce pays était la plaque tournante de tous les services de renseignement de la région...*

François : Un jour de rencontre avec un de mes correspondants afghans, je me trouve dans un des rares restaurants style *Burger King* version turque, et là, mon correspondant, lui-même sous couverture, me fait signe et me dit : « Regarde, autour de toi. » Et ce jour-là, dans la même salle, il y avait un clandestin russe, pakistanais, indien... On s'est retrouvés à plusieurs, chacun en train d'opérer ses contacts séparés !

JCN : Quelles impressions peut procurer la rencontre avec une figure comme Massoud ?

Patrick : À l'époque, il était au sein du gouvernement afghan, en lutte contre d'autres factions, et il essayait de maintenir un semblant de gouvernement, malgré les attaques permanentes des mouvements pachtounes ou du côté de Dostom[1]. Je l'ai rencontré dans des conditions clandestines, mais il savait pertinemment que j'étais du service. Un soir, il s'est passé un moment fort. Je l'ai rencontré avec juste un traducteur parce qu'il comprenait le français, mais ne parlait pas la langue, et j'ai pu ainsi prendre le thé pendant plusieurs heures en tête à tête. Ça a été un grand moment pour moi.

JCN : Dans quel état d'esprit se trouvait-il ?

Patrick : Il était détendu dans la mesure où il se sentait en confiance. Je pense qu'il était francophile au fond de lui-même, il avait fait ses études au lycée français de Kaboul. Il a toujours eu un grand tropisme pour l'action française, notamment à travers les ONG telles que Médecins sans frontières, Médecins du monde, les fameux *French Doctors* en Afghanistan. Les Français ont toujours été présents dans la vallée du Panshir, sa vallée natale, et vis-à-vis des services, il y avait une relation de confiance bien établie avec lui.

Grégoire : C'est d'abord un personnage, Massoud, parce que c'est une gueule. C'est quelqu'un qui est extrêmement posé, qui a un regard perçant, d'aigle, quelqu'un qui est très réfléchi, qui est véritablement charismatique

1. Rachid Dostom, grand chef militaire de la communauté ouzbek en Afghanistan.

avec à la fois – c'est ce qui m'a un peu étonné parce que c'était la première et dernière fois que je l'ai rencontré physiquement – une espèce de naïveté presque enfantine. Il évoque [ainsi] ses difficultés à obtenir du renseignement lui-même sur la partie adverse des Taliban, et [il] m'explique qu'il envisage d'acheter des petits avions télécommandés sur lesquels il fixerait, avec des moyens de fortune, des caméras pour pouvoir aller filmer [...] derrière les barrières montagneuses. En fait, Massoud a inventé avant l'heure le concept du drone, ce qui était visionnaire de sa part !

François : [Ma] première mission se fait à travers les hélicoptères du commandant Massoud, que la résistance afghane a pris à l'Union soviétique, donc des Mi-8 et Mi-17, rapiécés de toutes parts. À l'époque[1], Massoud ne dispose plus que de 10 % géographiques du pays afghan. C'est tout ce qu'il lui reste. Il a donc deux bases principales, la vallée du Panshir et la région de Taloqan [...]. Ma première rencontre avec Massoud va avoir lieu à cette occasion-là, je vais monter dans son hélicoptère, il est dedans, il vient me saluer comme à chaque fois que je le rencontrerai pendant ces années où nous allons travailler ensemble. Il m'appellera systématiquement en français, montrant l'attachement qu'il avait à la fois envers le service et vis-à-vis de la France.

JCN : Votre première vraie discussion intervient cependant beaucoup plus tard...

François : Je vais me retrouver pendant neuf jours dans une *guest house* [...]. Je ne peux pas rejoindre la vallée du

1. Année 1999.

Panshir parce que la météo [est] désastreuse et que les hélicoptères ne [peuvent] pas passer. Mais au lieu de me le dire, ce qui m'aurait permis de prendre du recul et de comprendre la situation, on ne me dit rien, à tel point que je vais téléphoner à mon contact afghan à Paris. C'est lui qui va me tenir informé… C'est une autre culture, le temps n'a pas d'emprise chez eux. C'était la première mission… Je m'y suis fait !

JCN : En raison de la structure permanente que vous avez installée, vous êtes l'officier de renseignement qui a le plus pratiqué Massoud. Comment le décririez-vous ?

François : Chez Massoud, il y a trois personnalités différentes : l'homme, le chef de guerre et l'homme politique. L'homme est ouvert sur l'Occident, ça, c'est vrai. Pour en avoir discuté plusieurs fois avec lui, sa femme n'est pas voilée, même si je ne l'ai pas rencontrée et même si dans la tradition afghane, on ne rencontre pas les femmes de ses correspondants, de ses amis, c'est la vie culturelle afghane. Ça n'a rien à voir avec le fondamentalisme et l'obscurantisme. La deuxième personnalité de Massoud, c'est un chef qui n'a connu que la guerre depuis qu'il a quitté le lycée français de Kaboul. On ne fait pas la guerre avec de la dentelle. Les Afghans sont des tribus guerrières, cela fait partie de leur histoire. Le troisième, c'est l'homme politique : il veut sortir son pays du marasme fondamentaliste, mais il est conscient que cela ne se fera pas en cinq minutes. Son pays, pour le résumer, sort à peine du Moyen Âge. Les Afghans vivent dans des montagnes, ils n'ont pas de téléphones portables, ils n'ont pas d'eau courante, ils n'ont pas d'électricité […]. Il est aussi conscient que ses chefs, ses commandants locaux, qui sont des purs guerriers, n'ont pas le même niveau d'éducation que lui. Et il va être obligé de composer avec. Il va surtout être obligé de financer son effort de guerre. Car les Russes ne lui font aucun cadeau : tout l'armement livré est payant, et à des sommes exorbitantes. Massoud finance, avec les soutiens extérieurs, les émeraudes dont sa famille est propriétaire dans la vallée du Panshir et la vente d'opium. Massoud a toujours été contre le trafic d'opium, profondément, mais il va financer son effort de guerre à travers la dîme que ses commandants locaux vont lui payer, il ne faut pas se voiler la face. Massoud est contre, mais il va s'en servir, car il [en] a besoin.

XIV

Le champ complet

La mondialisation ne touche pas que l'économie. Elle a aussi affecté la conduite des nations en l'éloignant en France de la position gaullienne, qui postulait une reconnaissance des États, et non de leurs gouvernements. Depuis une vingtaine d'années, Paris et les grandes capitales occidentales passent les régimes au tamis de leurs certitudes, et décident d'en décapiter certains ou d'en conserver d'autres, avec des critères qui peuvent varier au gré des alternances électorales. Un brouillard nocif s'est levé sur les zones à risques du monde, qui permet désormais aux insurrections ou aux rébellions les plus extrémistes, ainsi qu'aux gouvernements qu'ils combattent, de transférer la responsabilité de leurs propres excès sur le compte de l'Occident. Or, un parallèle est édifiant. En mars 2011, l'Otan intervient en Libye. Kadhafi est tué sept mois plus tard et depuis, le chaos règne. Été 2013 : Paris échoue à convaincre Londres et Washington de sanctionner Damas. Bachar el-Assad reste en poste, et depuis… le chaos règne. Il devrait rester au moins comme constante l'importance de toujours maintenir des liens, même dans les pires circonstances. Porter les mots qui empêchent une guerre ou y mettent fin n'a jamais impliqué de cautionner l'attitude de l'adversaire.

JCN : Vous avez passé plusieurs années aux côtés de Massoud. Comment viviez-vous le fait que la DGSE était au contact d'autres personnalités en Afghanistan ?

François : Le propre d'un service, c'est d'avoir le plus de fers au feu. On avait un fer au feu avec Massoud, avec les Wardak, et avec les Taliban. Les trois composantes étaient bien distinctes, et les informations remontaient vers les analystes qui faisaient leur tri et leurs notes de synthèse générale.

Grégoire : Le Service clandestin ne fait pas d'analyses géopolitiques. On est une flottille de chalutiers, on va chercher le poisson, on le dépose sur le quai, et ensuite, il y a des gens qui sont là pour traiter le poisson. Donc, on collecte du renseignement, on le fournit à la DR[1] [...] et c'est à eux de trier le bon renseignement du mauvais.

Hervé : C'est frustrant parfois de rentrer et de voir que l'on a produit un effort, et parfois pris des risques, pour quelque chose qui n'est pas, ou mal, valorisé. Un analyste est souverain dans son analyse. Je ne m'attends pas à ce qu'il m'explique comment je dois conduire ma mission sur le terrain, et de même je respecte ce qu'il sait ou ne sait pas, la multitude d'informations dont il dispose. C'est aussi ça, l'esprit critique, se dire que je peux avoir des pistes, beaucoup de renseignements qui vont dans le même sens, une intuition, mais finalement, c'est l'analyste qui va apporter son savoir et qui va contextualiser.

1. Direction du Renseignement de la DGSE.

Patrick : La DGSE est une maison feutrée, on n'est pas sur un ring avec les uns qui pensent blanc, d'autres qui pensent noir. Cette maison récupère des tas d'informations de partout, des tas d'analyses [...]. C'est au plus haut niveau de se faire une idée de ce qui peut être la meilleure analyse du moment.

Fabrice : Le travail de la DGSE, c'est de démystifier, c'est de dire la vérité crue, de décortiquer les relations de pouvoir, de comprendre un contexte, d'essayer de prévoir ce qu'ils vont penser, ce qu'ils vont faire et voir en quoi ça peut aller à l'encontre des intérêts français. Même si cette vérité n'est pas lue, n'est pas écoutée parce qu'elle dérange des *a priori* – c'est le message de Cassandre : on tue le messager qui apporte un message qu'on n'a pas envie d'entendre.

Vincent : Un des points forts d'un service de renseignement, c'est [qu'] il joue le champ complet. Oui, on avait des contacts avec Massoud, avec l'Alliance du Nord, oui, on avait des contacts avec le processus de Rome[1]. Oui, on avait des contacts avec les Taliban...

JCN : Si la liaison avec Massoud est l'apanage du Service clandestin, le contact avec la plupart des autres commandants, dont certains iront grossir les rangs taliban, est assuré par le « poste » de la DGSE dans un pays limitrophe. Pourriez-vous nous décrire ce dont il s'agit ?

Norman : Un poste, c'est une structure qui est le plus souvent diplomatique, mais pas toujours. Lorsqu'elle est diplomatique, le poste est implanté dans une ambassade, sous une couverture donnée, qui peut être variable en

1. Ensemble de mouvances afghanes qui s'étaient rassemblées autour de l'ancien roi Zaher, en exil à Rome.

fonction du pays. Au niveau du personnel : de quatre à neuf, en fonction du pays, des objectifs qui lui sont donnés. Il y a un plan national de recueil de renseignement qui est réalisé chaque année par le pouvoir politique. Le service reçoit des orientations et, en fonction, il oriente ses postes. Les services du pays considéré ne sont pas toujours informés de l'existence du poste, mais le plus souvent ils le sont. Dans ce cas, on parle de poste dit « totem », et dans ce cas-là, le chef de poste est en relation avec les services locaux. Mais le poste mène une action de recherche sur le terrain qui est différente de ce dont il parle avec le totem.

Michel : Étant chef de poste dans ce pays limitrophe, l'Afghanistan est un gros morceau pour nous, par héritage de la guerre contre les Soviétiques [...]. Quand j'arrive, mes premiers mois sont calmes, on se passe des consignes avec mon prédécesseur[1]. On sait qu'il y a un nouveau mouvement en Afghanistan, les Taliban...

Norman : « Taleb » veut dire élève, les « Taliban » c'est le pluriel[2]. Sur 12 millions d'Afghans, 4 millions étaient réfugiés au Pakistan. Il a fallu que l'administration pakistanaise s'occupe des réfugiés au niveau du logement, de la nourriture, mais aussi au niveau de l'éducation pour les enfants. On a vu fleurir plus de cent cinquante madrasas dans ce qu'on appelle la zone tribale pakistanaise. Les camps de réfugiés étaient entretenus par l'argent pakistanais, mais surtout l'argent saoudien, qatari, émirati [...]. Les jeunes Afghans ont été formés dans ces madrasas pakistanaises à un islam salaf. Donc, lorsque le Mollah Omar lança son

1. Qui n'est autre que Norman. Vincent, pour sa part, succèdera à Michel.
2. Ce qui justifie que l'on ne mette pas de « s » à Taliban.

appel, tous les jeunes dans les madrasas sont venus vers lui, et c'est comme ça que s'est créé le phénomène taliban.

Michel : On sait qu'il y a quelques religieux et d'anciens Moudjahidines, et on sait que cela se passe dans la région de Kandahar. Ces gens-là progressent gentiment au début, et puis, à partir de septembre [1996], ça s'emballe. Je reçois un coup de téléphone de Paris, on me dit : « Qu'est-ce qu'il se passe ? » Je dis : « Ils sont en train de rentrer à Kaboul ! » Ça a été toute la question de savoir qui ils étaient réellement, qu'est-ce qu'ils faisaient, où ils allaient, qu'est-ce qu'il pouvait y avoir en face d'eux. Et ça, ce n'était pas très évident…

Vincent : Quand on regarde l'histoire du phénomène taleb, il y a une rationalité. Il faut se souvenir que les Soviétiques ont quitté l'Afghanistan, parce que les Moudjahidines sont allés se battre. Ils sont allés se battre parce qu'il y avait un afflux de combattants qui venaient essentiellement des grandes madrasas du Pakistan, donc il y avait de la main-d'œuvre. Bien sûr, il y a eu de l'appui d'un certain nombre de services, des appuis techniques. Une fois que l'Union soviétique a quitté l'Afghanistan, les chefs de guerre se sont entre-déchirés. Et donc, il y a eu une approche [pour] remettre un peu d'ordre là-dedans, remettre du calme. Le général Babar[1] a poussé à la création du régime des Taliban en se disant qu'ils ont une éthique, ils sont certes religieux, mais qu'ils vont relativement gérer la crise dans le pays. Le problème, pour ces créatures, on va appeler ça comme ça, [c'est qu'] elles échappent à la main de leur maître. Et puis, elles sont devenues, en quelques années, incontrôlables.

1. Ministre de l'Intérieur du Pakistan (1993-1996).

JCN : Vous qui dirigez le poste de la DGSE d'un pays voisin de l'Afghanistan, comment définiriez-vous le jeu de l'ISI – les services de renseignement extérieur pakistanais ?

Norman : Les services pakistanais savaient, depuis la période où les Russes se trouvaient en Afghanistan, que la France s'intéressait au dossier afghan, que notre service avait soutenu Massoud, d'autres factions afghanes. Et ça ne les gênait pas.

Michel : Je n'ai pas d'instruction de ne pas rencontrer les gens de Massoud. Mais d'une part, il y avait un mélange des genres avec ce qu'il se passait dans le Panshir. Et d'autre part, là, je rentrais dans une autre problématique qui était celle de la relation avec l'ISI. L'ISI était le soutien des Taliban. Massoud était l'ennemi mortel des Taliban, mais surtout de l'ISI. Donc, si j'avais commencé à fricoter ouvertement avec les gens de Massoud, il est possible que j'aurais reçu des petits coups sur les doigts. Un de mes camarades à Beyrouth y a laissé sa vie parce qu'il se trouvait à faire le grand écart entre deux parties opposées. Dans ces années 1985-1990, les Libanais n'étaient pas très tendres : il a été abattu.

JCN : Les Taliban étaient partout présentés comme infréquentables. Pourquoi la DGSE entreprend-elle d'aller à leur contact ?

François : Si un service de renseignement refuse de se renseigner sur telle ou telle mouvance, parce qu'elle ne répond pas à ses critères, ce n'est plus un service de renseignement.

Vincent : Comme toujours, il y a la partie des relations internationales, entre pays, qui est montrable, avec les ambassades. Et puis, il y a le reste des canaux de communication informels ou formalisés, parce qu'il y a des crises en permanence [...]. Un officier de renseignement ne se demande pas si c'est bien ou pas, si sa source est fréquentable ou non, mais si sa source est utile ou pas, si c'est de l'information clé ou pas.

Michel : Il ne faut pas oublier une des missions principales de la DGSE, du moins à cette époque, la diplomatie parallèle. En étant très prudent sur ce mot. En fait, pour moi, ce n'est pas de la diplomatie, c'est un canal d'écoute et de transmission. Dans toutes les ambassades où j'ai travaillé sous couverture, l'ambassadeur m'a toujours demandé de faire ce qu'ils appellent, eux, le sale boulot, qui est d'aller discuter avec les voyous, les gens qui ne sont pas fréquentables. Pour des raisons très simples : c'est compromettant pour eux de s'afficher avec des gens que la politique officielle de la France critique. D'un autre côté, ces gens-là, il faut bien les écouter, et parfois leur faire passer des messages très clairs et très nets. Et c'était le cas avec les Taliban, il fallait que quelqu'un les écoute.

Norman : De 1990 à 1992, les Américains commencent à se désintéresser du dossier afghan puisque la guerre, le djihad, était terminée contre les Russes. Le service, [lui,] continue à garder contact avec les factions afghanes.

Vincent : On dit qu'ils sont « infréquentables », mais, dans la réalité des faits, ils sont reconnus par trois pays : l'Arabie Saoudite, le Qatar, les Émirats arabes unis. Ils ont une représentation non officielle à New York, auprès des Nations unies. Ces mêmes Nations unies ont une représentation à Kaboul... Je ne vais pas vous dire que ce n'était pas un régime de tortionnaires, on a vu suffisamment d'images. Mais la représentation qu'on en a n'est pas la réalité.

Michel : Les lapidations, je ne peux pas nier qu'il y en avait, mais il y en a encore [de nos jours] en Arabie Saoudite... On joue sur la fibre sensible des Occidentaux.

Vincent : Une amie journaliste a fait une étude par exemple sur les écoles de filles. Elle avait dénombré une douzaine d'écoles à Kaboul, qui n'étaient pas des écoles de filles, mais qui étaient des écoles d'enfants dans lesquelles il y avait des filles... J'ai connu un diplomate taleb qui, lui, souhaitait rester à Islamabad, simplement parce qu'il voulait que sa fille apprenne à lire et à écrire... Encore une fois, la réalité est beaucoup plus complexe. C'était certes une dictature qui fonctionnait par la violence, qui massacrait un certain nombre de minorités, mais en même temps, il faut voir que Kaboul a quand même été détruit par les combats entre Hekmatyar et Massoud, et pas seulement par les Taliban. Ils créaient aussi de la sécurité : une femme qui était voilée pouvait tout de même circuler, bien sûr à condition qu'elle soit accompagnée de son fils, de son frère, ou de son mari. C'est complexe à comprendre, mais c'était une culture quand même moyenâgeuse, un espace de guerre dans lequel les acteurs tout autour de l'Afghanistan n'avaient de cesse de rajouter un peu de carburant pour entretenir le feu.

Michel : Je pourrais raconter l'histoire que tout le monde a connue, qui a fait la une de tous les grands journaux français à l'époque : la petite fille de 6-7 ans à qui les Taliban avaient coupé les doigts parce qu'elle s'était mis du [vernis] à ongles. J'ai enquêté sur cette affaire. J'ai pu très rapidement démontrer que c'était une affaire inventée de toutes pièces par les services spéciaux iraniens pour discréditer les Taliban. Des affaires comme ça, on en a eu à la pelle.

Fabrice : Ce qu'on décrit à Paris est rarement la réalité. Les Taliban, ce sont essentiellement des Pachtounes, ils ont une vision très traditionnelle basée sur le Pachtounwali[1] et la sharia. Mais ce sont des gens pleins de fierté, ce sont des montagnards. Les Afghans sont attachants, qu'ils soient d'un côté ou de l'autre. J'étais là pour découvrir la vérité autant que je pouvais, en démystifiant un certain nombre de points de vue caricaturaux que nous plaquons de Paris sur le reste de la planète.

JCN : Pourquoi la DGSE a-t-elle mis sur pied un canal de communication avec les Taliban ?

Michel : Il faut bien comprendre que c'est un chaudron, l'Afghanistan [...]. Dans votre fonction, vous savez tôt ou tard qu'il va y avoir un membre d'une ONG ou un journaliste qui va être pris en otage, et ça va être à vous d'aller au charbon pour le sortir de là. Si vous n'avez pas un dispositif préalable pour négocier, c'est déjà mal parti, donc il faut préparer l'avenir et se préparer au pire. C'est ce que doit faire tout bon officier.

Vincent : En 1999, il y [a] eu l'avion d'*Indian Airlines* qui a été détourné [et] qui s'est posé à Kandahar. Vous avez eu des prises d'otages. Donc, à partir du moment où on a des représentants nationaux dans un pays, il est normal que le service ait des relations, non officielles, organisées de façon structurelle ou conjoncturelle, ceci pour mieux gérer les éventuels problèmes.

1. Code coutumier des Pachtounes.

JCN : En l'espèce, comment vous y prenez-vous ?

Michel : Si je veux bien renseigner sur les Taliban, il faut que je réussisse à recruter à l'intérieur du mouvement. Ce n'est pas très évident. Mais mon prédécesseur avait eu le nez fin en détectant un religieux soufi qui était bien introduit parmi ce qu'on pourrait appeler les conseils décisionnels constituants du mouvement taliban. Donc, en prenant du temps, nous avons fait passer ce message que nous étions prêts à discuter. Un jour, j'ai été convoqué à une réunion. Je me suis retrouvé tout seul, et j'avais en face de moi quinze Taliban. Les salamalecs terminés, nous allons entamer la discussion sérieuse, et là, le chef taliban, suivi de ses congénères, attaque une prière. La discussion recommence, de nouveau par des formules de politesse. On commence à réaborder le sujet, même cinéma, la prière. Connaissant quand même un petit peu le monde de l'islam, je savais très bien que ça n'était pas l'heure de la prière et qu'on n'en n'enchaîne pas plusieurs de suite comme ça. À la troisième prière, je me suis mis à genoux, en position de prière chrétienne et j'ai attendu. J'ai vu le chef taliban qui lève la tête, me regarde d'un air étonné, se retourne vers mon traducteur, et qui dit : « Qu'est-ce qu'il fait, le Français ? » Le traducteur me demande, et je lui dis : « Tu vas lui dire que ça fait trois fois qu'il communique avec son Dieu. On n'est pas venus là pour raconter des trucs de diplomate, donc moi je téléphone à mon Dieu, puisqu'apparemment on est censés avoir le même, et je demande des instructions à Dieu. On finira peut-être par y arriver… » Le traducteur refuse de dire ça en disant : « Tu ne te rends pas compte, ils vont nous massacrer ! » C'est quand même un peu tendu, car ils sont armés et musclés. Je finis par forcer le traducteur à dire exactement ce que je lui dis, et là, le chef taliban fait un grand sourire et dit aux autres de s'asseoir. Et la discussion est partie.

JCN : *Par la suite, vous avez été sans doute le premier officier de renseignement occidental à vous rendre à Kandahar, fief des Taliban. Courriez-vous un risque… ?*

Michel : Je pense que certains de mes camarades au SA avaient des vies beaucoup plus dangereuses que la mienne ! Oui, il y avait un risque. [Mais] il faut faire confiance. Si vous avez peur de l'adversaire, il faut changer de métier. Pendant un jour ou deux, il y a eu un gros flottement, et j'ai eu l'impression d'être fait prisonnier. […] En fait, Oussama Ben Laden habitait à deux cents mètres de chez Mollah Omar… Ses gens avaient appris qu'un Occidental était là pour négocier avec Mollah Omar et ils le cherchaient pour le tuer… Les Taliban ont assuré ma protection pendant deux jours et ils me l'ont dit après. J'ai pu le faire recouper par mes gens sur place, et c'était vrai. On pouvait voir Mollah Omar, mais je ne l'ai pas vu. J'ai vu tous ses bras droits, en particulier le conseiller religion, un vrai ouléma. La seule chose qu'il m'ait demandée : il voulait rencontrer le pape ! Nous avons commencé à discuter avec l'embryon de service de renseignement des Taliban de sujets d'intérêt commun, selon la formule consacrée.

JCN : *C'est-à-dire ?*

Michel : « Vous, Taliban, quels sont les problèmes que vous avez ? » [Ils répondent :] « Les ONG dans telle région font du prosélytisme. On vous demande d'ouvrir une maternité pour les femmes, mais vous voulez ne mettre que des médecins hommes. On a besoin de construire des routes à tel endroit... »

Norman : À l'époque, personne ne voulait parler avec eux. Donc ils étaient contents d'avoir un contact avec la France *via* les services. D'autant plus que, dans le mouvement taliban, certains avaient participé à la guerre contre les Russes, au contact de factions afghanes que nous soutenions, donc ils avaient une très bonne opinion de la France en général.

JCN : Savent-ils pour la relation de la France avec Massoud ?

Michel : Tout le monde est au courant ! Une des grandes interrogations des Taliban : « Qu'est-ce que vous faites encore avec ce type qui est ringard, il est aussi méchant que nous ? » Massoud a fait un boulot formidable pendant la guerre contre les Russes. À cette époque, l'islamisme radical, c'était notre allié pour faire tomber le communisme, les Soviétiques, et ça a marché. Et puis après, la sortie ne s'est pas faite proprement. Personne ne s'est occupé, non pas de Massoud, mais du devenir de l'Afghanistan. Et là, du côté afghan, on reprend les vieilles traditions, luttes entre tribus, régions, courants religieux, ethnies, et Massoud devient un chef de guerre. Et c'est là que nous ne nous en apercevons pas vraiment parce que c'est notre « copain ». Je découvre des trucs sur Massoud qui n'est quand même pas le Monsieur que l'on a vendu aux Français.

JCN : *Vous qui avez été clandestin dans les zones détenues par les Taliban, partagez-vous cette opinion selon laquelle l'Afghanistan était considéré en France sous un prisme déformant ?*

Fabrice : À l'époque talibane, en discutant avec des Kaboulis ou des Heratis éduqués, on aurait pu imaginer qu'ils étaient désespérés par le régime taliban. Mais ce qu'ils mettaient en avant, c'est que pour la première fois depuis vingt ans, ils avaient la sécurité. Ils n'avaient pas peur que leur femme soit enlevée, que leurs enfants meurent dans une explosion… Ils disaient : « Oui, les Taliban sont pénibles, mais ils vont se calmer, ils vont s'adoucir si vous les reconnaissez. » C'était tout le discours que j'avais tenu en rentrant, mais ce n'était pas un discours dominant en France. Le discours dominant, c'était : « Massoud, le lion du Panshir », alors qu'il était détesté par les Kaboulis parce qu'il avait détruit en partie Kaboul. En fait, il y avait un focus sur quelques milliers de personnes, très éduquées certes, l'élite dirigeante de l'Afghanistan, mais qui n'étaient pas la réalité du pays et c'était difficile à faire passer. Le plus frustrant pour moi – et c'est une des raisons de mon départ *in fine* du service –, c'est de dire que l'information que vous donnez, vous l'avez arrachée à la sueur de votre front, en prenant des risques physiques, et en faisant prendre des risques politiques à la France, mais que ça compte moins que l'édito du *Monde* et que [c'est] l'édito du *Monde* [qui] va donner le ton à nos politiques…

Michel : Un certain nombre d'entre nous font remarquer tout de même qu'entre des gens comme Hekmatyar ou Massoud, c'est le même fondamentalisme. Et puis, quand les Taliban apprennent que des gens du GIA algérien sont réfugiés chez Massoud, ça demande réflexion... Sachant qu'à l'époque, notre ennemi prioritaire, c'était le GIA algérien. Un jour, ils m'ont donné une vidéo sur laquelle on voyait des conteneurs à Kaboul où des femmes avaient été kidnappées pour assouvir les désirs sexuels des troupes de Massoud. Personne n'a jamais parlé de ça en France, et je les ai vues, ces vidéos. Vous êtes bien obligé de vous poser des questions et d'aller voir si c'est de la manipulation.

Grégoire : Que [Massoud] ait eu, à une certaine époque, des positions qui seraient considérées maintenant radicales, oui. C'était toute la complexité du personnage. Il y avait cette dualité à la fois ancrée dans une tradition islamique très forte, mais capable d'ouverture sur la civilisation occidentale et sur le mode de pensée occidental.

François : Je pensais que les burqas, c'était chez les Taliban, et je trouve des burqas chez l'Alliance du Nord : je me demande où je suis tombé ! Ce qu'il faut comprendre, c'est que l'Afghanistan est un pays avant tout extrêmement rural [...]. Quand on connaît physiquement, après, l'Afghanistan – je vais y passer quelques années – ça n'a rien à voir, c'est culturel, ça fait partie du paysage afghan, de la manière de s'habiller, de la volonté de protéger leurs épouses, leurs filles de la vue de l'« Infidèle ». Ce n'est pas propre à l'Afghanistan, c'est propre à la culture musulmane plus ou moins fondamentaliste.

Grégoire : C'est normal qu'il y ait plusieurs sons de cloche [à la DGSE]. Ça a été le cas sur l'Afghanistan comme dans d'autres pays que je ne citerai pas, où il y avait des positions qui étaient complètement antagonistes entre la perception qu'on en avait, nous [au service clandestin], et celle de la Direction du renseignement [...].

C'est à celui qui fera le plus beau coup, qui obtiendra le scoop… Ensuite, il y a des rivalités de personnes. L'analyste passe ses journées à son bureau à écrire, à exploiter du renseignement, et écrire des synthèses, et [il] a son collègue du Service clandestin qui, lui, passe six mois de l'année à côté de Massoud.

Patrick : Je pense que ces gens-là, dans leur bureau bien au chaud de Paris, avec les informations qu'ils avaient par ailleurs, se sont fait une idée, mais ils n'ont pas rencontré l'homme. Moi, je l'ai rencontré, et je suis convaincu qu'il n'était pas un islamiste terroriste tel qu'il a été présenté. J'en ai la ferme conviction. J'ai eu en face de moi un homme pieux, religieux, profondément religieux et profondément respectueux des autres religions. Les vrais religieux ne sont pas des terroristes, et l'islam est une religion de paix comme toutes les autres religions.

François : Qu'il soit un grand humaniste, personnellement, j'en doute un peu. Qu'il soit ouvert vers l'Occident, ça, c'est un fait, on en a discuté, pendant des heures […]. Et j'ai la faiblesse de croire qu'il disait vrai. Malheureusement, il n'a pas pu le faire. *A contrario*, il y en a d'autres qui l'ont rencontré une ou deux heures, et là, Massoud était devenu le Dieu vivant, le symbole de la Résistance. Ça montre bien que c'est quelqu'un qui ne laissait pas indifférent, on l'aimait [ou] on ne l'aimait pas, mais on ne restait jamais neutre.

Grégoire : La qualité fondamentale qu'on demande à un OT, c'est l'objectivité, qui est toujours relative parce qu'on est de toute façon imprégné du milieu dans lequel on a vécu pendant sa mission. On est imprégné par les personnes, par leur discours, leurs positions. Mais on doit essayer de ne pas épouser la cause des personnes qu'on côtoie. On n'est pas là pour ça. On est là pour comprendre ce qui se passe, pour identifier les forces en présence ou naissantes, et pour renseigner sur la situation d'une zone. On a le droit d'avoir son avis, [...] de ne pas être d'accord avec les choix du gouvernement, mais en tant qu'OT, on se doit d'être dans une objectivité la plus complète.

Patrick : C'est une facilité de dire [que], quand on est sur le terrain, on est intoxiqué par les gens qui vous parlent. Et quand on est dans un bureau, on n'est pas intoxiqué ? On reçoit des dépêches ou des informations, mais elles viennent d'où ces informations ? Je pense que personne ne détient la science infuse.

François : Moi, je n'ai pas honte de dire que j'étais pro-Massoud. Et heureusement, car si je ne l'avais pas été, jamais lui ou ses correspondants ne m'auraient parlé de la même manière. Je crois qu'il faut faire preuve de bon sens. Pour que quelqu'un accepte de parler, il faut faire cause commune avec lui [...]. Mais je ne suis pas en train de faire du prosélytisme en disant « Massoud, c'était l'homme de la situation ». Au même titre que j'étais pro-Massoud, certains de mes camarades étaient pro-Taliban, ce qui est normal.

Michel : À un moment donné, au sein de la Centrale, certains ont vu en moi un pro-Taliban acharné. Ça m'a peut-être même couté cher pour la suite de ma carrière. Et c'est le plus désagréable à vivre, car celui qui est au contact des Taliban, s'il crie sur les toits qu'il est anti-Taliban, il a peu de chances que ses missions réussissent...

JCN : Après Michel, comment entretenez-vous le canal avec les Taliban ?

Vincent : On me fait passer un message en me disant que je peux rencontrer Qari Amanullah[1], à Peshawar, telle date à telle heure. J'arrive avec un peu d'avance, et puis j'attends. Faut pas avoir peur de boire plusieurs tasses de thé ! Et puis, Qari Amanullah arrive [...]. Il me raconte tous ses petits bobos, et on se met d'accord sur l'existence d'un canal de communication. Et il me dit : « Il va falloir venir me voir à Kaboul. » Bien sûr, tout ça remonte au service.

JCN : Quel est le but des conversations que vous avez eues ensuite ?

Vincent : Ma mission est très simple, c'est de savoir en avance de phase s'il y a des Français, ou des structures françaises, qui posent problème en Afghanistan, pour intervenir avant. En contrepartie, ils demandent des choses...

JCN : Les Taliban demandent-ils à la DGSE d'arrêter la liaison avec Massoud ?

Michel : Dans ce genre de négociations, en tout cas, dans la partie adverse, il y a toujours des demandes qui sont extrêmes. Mais c'est normal, si vous ne placez pas la barre de discussion très haut, vous n'aurez rien en retour.

Vincent : Leur demande ultime, c'est une représentation à Paris [...]. Comme le service, les autorités françaises ne sont pas tout à fait d'accord, on descend à ce qu'il y a de plus bas, c'est-à-dire, des visites à Paris.

1. Chef du service de renseignement taleb.

Donc, il y a eu deux visites. [Lors de] la première, je me souviens qu'il y avait un tribunal qui voulait se former pour les juger...

Michel : Nous nous sommes retrouvés là dans un rôle d'agence de voyages. Nous avons emmené un groupe de hauts dignitaires Taliban à Paris. Personne ne voulait les voir et surtout, ça devait être secret. Avant de les emmener au Quai d'Orsay, il a fallu leur faire faire un certain nombre de visites dans Paris. Je me rappellerai toujours qu'ils avaient demandé à visiter Notre-Dame, et si possible d'assister à une messe [...]. Je vous laisse imaginer la tête des fidèles qui ont vu des enturbannés entourés de gorilles se déplacer un dimanche dans une Notre-Dame pleine ! C'était assez amusant... Et surtout, les Taliban ont vu une jeune femme qui était en prière intense dans une chapelle annexe. Ils sont restés un quart d'heure à la regarder, et ils m'en ont parlé pendant des heures après. Ils avaient pris conscience qu'il y avait aussi chez nous un aspect religieux, et ça les avait beaucoup ouverts sur la France.

Vincent : La deuxième visite, il y avait eu une manifestation devant le Quai d'Orsay... Bien sûr, la diplomate[1] qui les recevait leur disait tout un tas de choses concernant les droits de l'homme, et notamment le droit des femmes, mais eux, [ils] étaient satisfaits, car ça leur donnait le sentiment d'avoir un régime légitime.

Norman : Ils voulaient être reconnus, qu'on discute avec eux, qu'on ne les laisse pas totalement isolés dans l'arène diplomatique.

1. Martine Dorance, sous-directeur Asie méridionale.

JCN : Cette passerelle avec le régime taleb a été vivement critiquée non seulement en France, mais sur place, en particulier par les quelques humanitaires français qui osaient encore œuvrer à Kaboul. Comment vit-on le fait d'être cloué au pilori par ceux que vous cherchez à protéger ?

Norman : C'est la seule fois que j'ai eu du mal peut-être à me faire comprendre, pas tant du service, mais je sais que le service a eu quelques difficultés à faire comprendre l'intérêt [pour] notre gouvernement à continuer à entretenir des liaisons avec les Taliban.

Michel : Pour un jeune OT qui commence sa carrière, se sentir dans le rôle du chevalier blanc, et recevoir des œufs pourris sur la figure, c'est vrai que ce n'est pas toujours agréable à vivre. Maintenant, un OT qui a déjà un petit peu de bouteille est détaché de tout ça…

XV

Les signaux d'alerte

Pour l'excellent écrivain américain Michael Barry, l'Afghanistan est le « royaume de l'insolence ». À lire ce qui est sempiternellement raconté à son sujet, il est à craindre qu'il soit aussi devenu la terre du préjugé. Combien de fois entend-on ranger les Taliban afghans des années 1990 dans la même catégorie « djihadiste » que l'État islamique de 2017 ? Combien de fois a-t-on expliqué que l'Afghanistan est le creuset de tous les périls que l'Occident doit aujourd'hui affronter ? Combien de fois a-t-il été asséné que les États-Unis n'avaient qu'à se mordre les doigts puisque ce sont eux qui ont financé Ben Laden et ceux qu'on appelait alors les « volontaires arabes », lesquels se seraient tout bonnement transportés au Levant à partir de 2011 ? Ces affirmations à l'emporte-pièce sont d'une efficacité redoutable car à leur simplisme doit répondre une argumentation, elle, beaucoup plus fouillée, que le grand public, abreuvé de médias instantanés, n'a plus la patience d'écouter. Soyons donc aussi lapidaires que les procureurs patentés : l'Afghanistan n'a été que le terrain d'application d'une doctrine « djihadiste » séculaire, qui n'a d'autre rapport avec l'Occident que la détestation que celui-ci lui inspire. Et aux avant-gardes, les officiers traitants de la DGSE ont rempli leur rôle de témoin assermenté de la propagation d'un danger dont le paroxysme, pour l'heure, a été atteint le 11 septembre 2001.

JCN : *Peut-on dire que, pendant la guerre contre l'URSS, l'Occident a sous-estimé les conséquences à long terme d'un soutien aux Moudjahidines afghans ?*

Benoît : Je pense que les Français avaient une vision assez exacte, assez précise [...]. [Ils] avaient choisi de maîtriser parfaitement leurs contacts, de travailler avec les commandants qu'ils avaient choisis, sans passer par [la] sélection des services pakistanais. L'aide américaine arrivait au travers d'un certain nombre de pays amis. Ce sont les services pakistanais qui redistribuaient les armes aux mouvements afghans, et ils favorisaient outrageusement, pour des raisons politiques et religieuses, le mouvement de Gulbuddin Hekmatyar. À cette époque-là, des mouvements [...] radicaux islamistes [existaient déjà], dont le Hezb-e-Islami du dénommé Hekmatyar, qui, alors que l'Union soviétique occupait l'intégralité du territoire afghan, annonçait déjà que la guerre suivante serait menée contre les Américains et les Français.

JCN : *La DGSE a-t-elle fait partager ses craintes ?*

Benoît : On avait une coordination avec la CIA à Paris. Ça devait être au mois de mai 1987. Le représentant de la CIA nous annonce que les États-Unis ont décidé d'augmenter massivement leur aide et leur soutien à la résistance afghane, et en particulier de lui fournir ces fameux missiles *Stinger*, qui sont des armes redoutables, puisqu'avec pratiquement aucune formation, vous voyez un avion qui passe dans le ciel, vous pointez vaguement votre missile, vous tirez, et votre missile, à 95 % de chances, va détruire votre avion ou votre hélicoptère. Donc, on a demandé aux Américains s'ils avaient pris des mesures techniques pour faire en sorte que ces missiles aient une durée de vie limitée – on pourrait appeler ça de l'obsolescence programmée. Je me souviens très bien cette phrase d'un Américain : « *But why ? The bads are the reds ?* » Et de lui avoir répondu : « *Yes, today, but in the future*[1]*… ?* » On s'était dit que ce ne serait pas forcément une très bonne chose d'avoir ces missiles qui se baladent pour une durée indéfinie… Ce qui était assez troublant, c'était cette naïveté de la CIA… C'est tout à fait le genre de missiles qui, dans l'axe d'une piste d'aviation, peut permettre de détruire un Boeing ou un avion commercial.

JCN : Après le départ de l'URSS, l'Occident se détourne de l'Afghanistan où se développe dans les années 1990 le cancer djihadiste.

Benoît : Moi, je n'avais jamais entendu le terme « djihad ». Mais Gulbuddin Hekmatyar parlait quand même du grand et du petit Satan, et disait bien qu'après les Soviétiques, il faudrait peut-être s'occuper des Français et des Américains qui représentaient déjà pour eux des cibles potentielles. Mais il n'y avait vraiment que Gulbuddin qui avait ce langage. Chez les autres, pas du tout.

Norman : Très rapidement, on s'est aperçus que de jeunes Français venaient au Pakistan pour suivre des formations aux prêches. Ces jeunes étaient en général des binationaux, franco-algériens, franco-tunisiens ou

1. « Mais pourquoi ? Les méchants, ce sont les rouges [*i.e.* les communistes], non ? » « Oui, aujourd'hui, mais à l'avenir ? »

franco-marocains, musulmans. Compte tenu du contexte de l'époque en France – il y avait eu un certain nombre d'attentats[1] –, il nous est apparu intéressant et indispensable de suivre ce que faisaient ces jeunes Français. Au départ, c'était uniquement sur le terrain pakistanais : ils allaient à un centre, que je ne nommerai pas, mais extrêmement important, où ils recevaient une formation religieuse sérieuse. Après, ils rentraient en France et un certain nombre de ces jeunes allaient dans les mosquées à Paris, ou ailleurs. [Ils] pouvaient être approchés par des gens du GIA algérien.

JCN : *De quelle manière la DGSE se penche-t-elle sur ces filières ?*

Norman : Le poste [que je dirige dans un pays voisin de l'Afghanistan] s'est intéressé à ces filières, qu'on appelle « afghanes ». J'ai eu l'occasion d'approcher, de débriefer un paquet de ces jeunes sur le terrain car la plupart d'entre eux devaient passer par l'ambassade de France au niveau de leur passeport. L'idée après, c'était d'essayer de recruter des gens parmi eux pour voir ce qui se passait dans les camps, parce qu'on s'est aperçus très rapidement qu'un certain nombre [...] se faisaient recruter par des mouvements activistes sérieux. Certains étaient renvoyés au Pakistan, et à partir de là, envoyés dans des camps d'entraînement en Afghanistan. Ces camps, en fait, avaient été ouverts à l'époque du djihad contre les Russes et [ils] n'ont pas été fermés parce que

1. L'année 1995 en particulier a été marquée, entre autres, par les attentats dans le RER Saint-Michel le 25 juillet, place de l'Étoile le 17 août, contre l'école juive de Villeurbanne le 7 septembre.

les Arabes étaient *non grata* chez eux, ils ne pouvaient plus rentrer, que ce soient les Algériens du GIA ou les Égyptiens du Jamaat-e-Islami.

Vincent : On savait que, jusqu'au milieu des années 1990, il y avait un bureau à Peshawar, qui recrutait les gens, leur faisait passer la frontière nuitamment ou de façon clandestine, et ensuite les gens se retrouvaient dans les camps. Eux en parlaient peu et les retours que j'ai pu avoir [des Taliban] sur les différentes questions, c'était que les volontaires arabes étaient très à part, leurs papiers n'étaient pas détenus par le ministère de l'Intérieur [taleb]. Il y avait des armoires à part, il y avait des bureaux à part, avec des gens à part, avec des légendes à part.

JCN : Est-il envisageable pour un service occidental comme la DGSE d'infiltrer ce genre de camps ?

Vincent : C'est difficile pour un chef de poste qui est déclaré de mener des recherches aussi chaudes, donc ça ne peut être fait que dans le cadre de collaborations.

Norman : Le problème était de recruter des gens susceptibles d'aller dans ces camps. Il y avait déjà les sources afghanes dont nous disposions, mais les Afghans n'ont jamais participé à l'entraînement à caractère terroriste. Bien souvent, ils n'aimaient pas les Arabes d'ailleurs, mais enfin, les Arabes s'étaient battus avec eux. Les Afghans contrôlaient simplement les camps au niveau de la gestion administrative [...], donc pouvaient donner des informations sur la population qui y transitait. On savait [qu'] il y avait des Français. C'est comme ça qu'on a connu l'existence d'un certain nombre de camps dont Khalden et Darounta. J'avais une source égyptienne aussi, qui, elle, avait des contacts avec les milieux arabes. Et puis, l'idée, bien évidemment, c'était de débriefer les jeunes Français qui transitaient par ces camps. Il est vraisemblable que nos services de sécurité en France, connaissant le nom d'un certain nombre de ces personnes que j'avais signalées, les ont approchées. Moi, sur le terrain, on m'a transmis une source arabe qui était destinée à une formation dans un de ces camps, que j'ai pu traiter pendant quelque temps. Elle m'a fourni un certain nombre d'informations sur ce qui se passait dans tel camp, en particulier celui dans lequel se trouvait leur formation aux explosifs, aux engins spéciaux, aux poisons, etc.[1].

Vincent : Darounta se trouve entre Djalalabad et Kaboul. Ce camp avait la particularité de développer ce qu'on appelait pompeusement des armes biologiques. On avait besoin de savoir quel type d'armes, ce qui se faisait là-dedans. C'est très difficile de mener ce type de recherches seul, donc on le menait en coopération avec un service allié. Ce service allié avait des moyens techniques importants. Nous qui avions une approche plus *french touch*, on avait réussi à avoir un contact au sein du camp de Darounta et il avait réussi à nous prendre des photos. Comme toujours, c'est très difficile de demander à quelqu'un de prendre des photos ; au départ, on s'était rendu compte qu'à chaque fois, on perdait l'appareil... Donc, j'ai commencé par donner des jetables, et ils ne touchaient une rémunération qu'à partir du moment où ils me rapportaient le film. Ça a bien marché, et au cours d'une réunion avec ce service

1. Il s'agit du camp de Darounta.

allié[1], ils me montrent des photos qui avaient été prises en altitude. Après me les avoir montrées, ils les rangent et je demande une copie de ces photos. Ils me disent que ce n'est pas possible, qu'elles sont classifiées et qu'ils ne peuvent pas me les donner. Donc, j'ouvre ma chemise et je leur dis : « C'est un peu dommage parce que, du coup, je ne peux pas vous donner les miennes » – des photos qu'on avait prises du terrain. On voyait l'organisation, pas seulement des baraquements, on voyait des personnes, des véhicules. Bien sûr, ça l'a mis un peu en émoi, et dès le soir, il me rappelait pour échanger nos photos ! On peut être David contre Goliath, mais on peut trouver un intérêt commun de temps en temps à s'échanger des informations…

Michel : Je crois que c'est communément admis dans le monde du renseignement : autant les Américains ont une puissance énorme sur le technique, autant en sources humaines, nous étions beaucoup mieux placés qu'eux.

Vincent : Tout ça a mis le service en appétit. Le nombre de personnes, ceux qu'ils pouvaient fréquenter, les véhicules, c'était intéressant, mais pas satisfaisant. Ce que recherchait le service, c'était de savoir quels types de produits étaient utilisés. Comme c'était difficile d'entrer dans un laboratoire, on s'est dit que par le biais des eaux usées, on pourrait réussir. Donc, on a demandé [à notre source] de récupérer les eaux usées qui sortaient du laboratoire… Et puis, à la fin, j'ai une autre demande [de la centrale] : « C'est très simple, les chiens sont enterrés derrière, il suffit qu'on nous ramène un bout de chien… » Là, ça n'était plus possible ! Couper,

1. Nul grand secret ne sera révélé en indiquant qu'il s'agit de la CIA…

prendre du chien, c'est haram, il ne pouvait pas se damner à ce point…

Norman : On était quand même assez inquiets parce qu'un certain nombre de ces jeunes après leur passage dans les camps rentraient chez eux. Et chez eux, ils étaient soit de bons musulmans […], soit ils pouvaient être recrutés dans des filières à caractère terroriste, comme soutiens d'infrastructures, porteurs de valises, même dans l'action pure et dure.

Patrick : On le ressentait au niveau du Service clandestin car on était sur le terrain, on était au contact. On sentait que tout cela allait monter en puissance. Massoud nous le disait : « Si vous ne nous aidez pas nous, un jour, vous aurez ce problème dans votre pays. » Après, c'est l'éternel problème qu'on a sur le terrain par rapport à d'autres informations qui parviennent d'autres services de renseignement, tels que les Pakistanais par exemple. Nous le reportions fidèlement et malheureusement, c'est difficile de convaincre parce qu'il y a toujours d'autres priorités. Et l'Afghanistan, à l'époque, ce n'était pas la priorité numéro 1.

François : Qu'il y aurait une crise majeure, [Massoud] ne cessait de nous le dire : « [elle] se caractérisera par l'effondrement de l'Alliance du Nord, une prédominance d'Al-Qaïda et des Taliban. » Cela dit, il occupait 10 % du pays… Personne ne se faisait beaucoup d'illusions sur le fait qu'il allait être capable de renverser la situation.

Norman : Ce qu'on peut dire avec certitude, c'est qu'à l'époque, on était les seuls sur le terrain à s'intéresser à ce dossier. Les Américains en particulier […] étaient moins concernés que nous, parce qu'ils […] n'imaginaient pas que ce qu'il se passait dans les camps pourrait avoir un impact chez eux.

Vincent : Il y avait plusieurs options : l'option biologique, et puis tout ce qui concernait la bombe sale, l'achat de matières plus ou moins radioactives, que l'on mélange à de l'explosif. Ça, c'était un scénario auquel on était très attentif, [à] tous les bruits de vente, de revente de matières contaminées sur le marché, qu'il soit parallèle, mafieux. C'est parce que vous avez établi des liens, que vous êtes en contact avec un certain nombre de personnes, qu'elles ont confiance en vous, [qu'] elles sont capables de vous remonter l'information clé. J'avais une offre, à un moment donné, de tritium. Bien sûr, c'est dangereux, mais c'est difficile de faire une véritable bombe sale avec. On y est allés, [avec] tout ce qu'il fallait pour vérifier la radioactivité et au dernier moment, le service avec qui j'étais au téléphone me dit : « OK, c'est bon, on sait exactement ce que c'est, on a des photos, vous le rendez à son possesseur. »

Michel : Il y avait deux mondes. Il y avait l'Afghanistan des Taliban et les camps d'Oussama. Et là, le verrou se fermait un peu. Pour nous, surtout les gens du contre-espionnage, Ben Laden n'était pas un gros souci, car notre priorité à l'époque c'était tout ce qui touchait à l'Algérie, et en particulier le GIA. Nous avons commencé à monter en puissance sur Ben Laden quand il a été avéré que sa garde rapprochée était [formée] de combattants du GIA algérien.

Norman : Ben Laden était en Afghanistan pendant le djihad contre les Russes. Il est arrivé avec son argent, ses moyens humains et [il] a dégagé après que les Russes sont partis. Donc, Ben Laden était une figure pendant la période 1983-1988. Mais ce n'était pas un leader sur le terrain, pas du tout.

Michel : C'était pour moi un total inconnu. Je me suis retrouvé au Yémen de 1990 à 1994, et il y a eu, en 1992, le premier attentat à Aden, contre l'hôtel *Gold Mohur*[1]. En fait, l'attentat visait les Marines américains qui prenaient une dernière journée de détente avant de partir en Somalie. J'ai dû immédiatement aller voir ce qui se passait, et nous avons constaté que des gens se revendiquaient d'Oussama Ben Laden. J'ai prévenu la Centrale et – c'est la grande force d'une maison comme la nôtre – j'ai immédiatement eu un dossier colossal sur Oussama Ben Laden. Et c'est là que j'ai vu qui était ce personnage. Mais je n'en ai plus réentendu parler [...]. En 1996-1997, Ben Laden, ce n'était pas un grand souci pour nous, car il n'était pas grand-chose. Il était dans une mouvance que nous suivions, qui était encore au croisement des héritages des réseaux de Moudjahidines, peut-être le prototype de ce qu'on appelle aujourd'hui les « djihadistes », ces jeunes qui venaient essentiellement du monde arabo-musulman pour s'entraîner, se former, dans le cadre de la cause palestinienne, de tous les grands conflits habituels des islamistes radicaux. Donc, Oussama Ben Laden n'était pas un Taliban et il n'était pas accepté par tous les Taliban ; il était plus proche des réseaux de Hekmatyar.

Norman : J'avais recruté une source afghane, un Mollah de très haut niveau, qui nous disait le ressenti de Mollah Omar vis-à-vis de Ben Laden. Quand Ben Laden

1. Le 29 décembre 1992. Cet attentat est considéré comme le premier perpétré par Al-Qaïda.

est arrivé, il s'est installé à Djalalabad, une zone un peu moins contrôlée par les Taliban que Kandahar. Les Taliban ne contrôlaient pas du tout ce que faisaient Ben Laden et ses acolytes dans les camps d'entraînement en particulier.

Michel : Les Taliban l'hébergeaient car Ben Laden payait bien. Donc, un certain nombre de chefs de tribus afghans étaient contents d'accepter un camp chez eux. Mais il n'avait pas un poids énorme, il n'existait quasiment pas. Je crois que c'est mon adjoint qui, le premier, a trouvé le nom d'Al-Qaïda dans un journal en Ourdou, dans la région de Lahore il me semble. Il me dit : « Tiens, regarde, il y a un truc qui s'appelle Al-Qaïda. » Je me disais : « Ah ? tiens, un de plus… » Il faut dire que les mouvements islamistes, il y en avait des centaines. Et puis là, on regarde d'un peu plus près, et ça nous rappelle les réseaux d'Oussama Ben Laden. À l'époque, il était considéré comme un ennemi public, mais ce n'était pas le monstre. Le 11 septembre n'était pas passé par là.

Norman : Avant l'affaire du 11 septembre, il y a eu les deux opérations, au Kenya [et] en Tanzanie, montées par Ben Laden et Al-Qaïda[1]. Le Mollah Omar était furieux après Ben Laden. Les Américains ont bombardé en envoyant quelques Tomahawks en Afghanistan.

JCN : Quels sont vos souvenirs de ces frappes survenues le 20 août 1998 ?

Michel : Un jour, une source fiable m'a dit que Ben Laden serait [à] ce qu'on appelle une *loya jirga*, une

1. Le 7 août 1998, contre les ambassades américaines.

assemblée générale de chefs de tribus afghans. Sachant que, de toute façon, Ben Laden n'était pas l'ennemi public numéro 1 pour la France, j'ai transmis ce renseignement au chef de poste de la CIA qui a monté une opération [...]. En général, dans ces cas-là, mon ami de la CIA décrochait son téléphone, appelait l'amiral commandant la VIIIe flotte dans l'océan Indien, les *Seals* embarquaient dans des hélicoptères, allaient sur le lieu de la *loya jirga*, réglaient ça selon de vieilles méthodes traditionnelles, et repartaient. L'ennemi avait été neutralisé. L'ennui pour les communicants de la Maison Blanche à cette époque, c'est que ce genre d'opération était quand même plus ou moins secrète, et il n'y avait pas moyen d'en faire de la pub. Or, ce qui m'a été expliqué après par des amis américains, c'est que la Maison Blanche voulait absolument un gros coup de pub pour effacer un peu les contrecoups de [l'affaire] Monica Lewinsky. Finalement, j'apprends que les Américains ont changé le plan et que dans vingt-quatre heures, il y aura une frappe Tomahawks sur le lieu de la *loya jirga*. J'ai prévenu la Centrale, et je sais que quelques heures après, le DG était dans le bureau de Jacques Chirac pour lui annoncer que, le lendemain, les Tomahawks tomberaient sur l'Afghanistan. Ça a été une erreur stratégique énorme de la part des Américains parce que l'armée pakistanaise a détecté les départs de coups, et il y a quand même plusieurs centaines de kilomètres entre l'océan Indien et cet endroit dans le Sud de l'Afghanistan où se trouvait la *loya jirga*. L'ISI a certainement prévenu Ben Laden, qui s'est échappé. En fait, les Tomahawks ont tué plusieurs dizaines chefs de tribus, ce qui est un crime inacceptable pour les Afghans.

Vincent : Ils n'appelaient pas ça les Tomahawks, mais les « missiles Lewinsky ». Ils ont eu le sentiment qu'on les attaquait pour des motifs autres que ceux liés à la culture du pavot ou la présence d'Oussama sur le territoire.

Michel : À partir du lendemain, les relations avec toutes les sources afghanes, les relations avec tout ce que nous avions dans ces zones tribales du Nord-Est du Pakistan sont devenues quasiment gelées, très dures à activer. Il a fallu plusieurs mois pour rétablir la connexion. Si nous y réfléchissons bien aujourd'hui, il est possible de se demander si, dans le cas où le mode d'opération traditionnel, qui avait été choisi au début, avait [été exécuté], le 11 septembre [aurait] eu lieu…

Fabrice : Les Afghans ont un sens de l'hospitalité et un sens du service rendu, du sacrifice ; ces Arabes étaient venus mourir pour eux contre les Soviétiques. Ils […] avaient une dette d'honneur, une dette de sang, et dans le Pachtounwali, une dette doit être remboursée, donc ils n'allaient pas les mettre dehors. On ne pouvait pas le leur demander, ce n'était pas possible dans leurs codes culturels.

Michel : À partir de ce moment-là, il a été plus difficile d'obtenir du renseignement sur Oussama Ben Laden parce que, d'une part, lui-même s'est encore plus protégé et puis, chez les Taliban, c'était devenu l'hôte qu'on avait voulu tuer chez eux, et ça, c'était inacceptable. Ça a été le catalyseur d'une alliance entre les Taliban qui se sont durcis, [se tournant] beaucoup plus vers le wahhabisme. Je maintiens : une erreur stratégique énorme.

Fabrice : Les Taliban ont accepté Ben Laden et Al-Qaïda, et ils se sont mariés les uns les autres. Jusqu'à ce moment-là, si on les avait reconnus, je pense qu'ils auraient basculé dans un État certes chariatique, qu'on peut considérer pénible – mais finalement, l'Arabie Saoudite est un pays chariatique, et on fait plein de business avec eux... J'avais essayé de faire passer cette information-là, mais paradoxalement, il y avait l'autre information, celle qui venait de Massoud qui était notre allié historique, et l'ennemi des Taliban. Et c'étaient deux informations qui n'avaient pas le même poids...

François : [Grâce à Massoud], on avait les noms, on avait les lieux, on avait les rencontres. Tout ça est venu alimenter les bases de données du service de renseignement. Il nous avertissait depuis le début que Ben Laden était extrêmement présent et soutenu par les Saoudiens. Ce qui n'était pas un scoop, ça a été écrit, débattu, publié. Il ne cessait d'essayer de nous le prouver avec les filières de financement, les soutiens en équipement. Surtout, l'action prépondérante des services pakistanais [...]. La cause principale du désordre, qui existe encore en Afghanistan aujourd'hui, reste l'omniprésence des services pakistanais qui tiennent tout.

XVI

Les vendanges de l'ombre

Il y a la théorie : un officier traitant doit rester impartial vis-à-vis de la personne qu'il traite. Et il y a la pratique : quand le commandant Massoud est tué dans un attentat, les membres du Service clandestin qui se sont relayés à ses côtés pleurent un proche dont, une quinzaine d'années plus tard, ils évoquent toujours la mémoire avec émotion. Le cas n'est pas unique. Ceux qui ont côtoyé Jonas Savimbi en Angola ont également conservé pour lui beaucoup d'estime. Un tel continue même à échanger avec quelque ancien commandant de rébellion ayant trouvé refuge en France. Finies la jungle, la pêche aux renseignements et les commandes d'armes. Il n'y a plus qu'un Français, ayant depuis longtemps révélé sa véritable identité, et un étranger qui, loin des armes et de la jungle, vit ses derniers jours en exil. Finis la géopolitique et les espoirs de destinée. Il n'y a plus que le respect et l'amitié.

JCN : Le 9 septembre 2001, Massoud est victime d'un attentat…

Grégoire : On est prévenus immédiatement par l'un des représentants de Massoud installé à Paris, qui est très proche de mon chef de mission [...]. Il a fallu gérer... Sur ordre de la direction générale, j'ai renvoyé [François] en Afghanistan pour une mission initiale de trois semaines qui consistait à voir comment l'armée de Massoud faisait face à cette disparition, comment elle se réorganisait, quelles seraient les têtes émergentes pour succéder à Massoud.

François : On a plusieurs métiers, on a plusieurs identités, on a plusieurs dossiers, c'est ça la réalité au quotidien. Donc, nous sommes le 9 septembre 2001, je suis sur un autre dossier en Afrique et je suis prévenu par Grégoire. La stratégie appliquée par l'ex-Alliance du Nord, et qui va sauver le destin de l'Afghanistan, c'est de dire que Massoud est blessé alors qu'il est mort, de manière à ce que ses troupes au contact ne baissent pas les bras. Parce que, dans la foulée de l'attentat du 9 septembre, ce qui est prévu, c'est une déferlante des Taliban contre les troupes du commandant Massoud qui vont dans un premier temps fléchir, reculer et se ressaisir dans la perspective que leur chef n'est pas mort. La nouvelle ne leur sera annoncée que cinq jours après.

Vincent : La mort de Massoud, c'est un épiphénomène. C'est important d'un point de vue symbolique, il est venu en France, mais qu'il soit mort, c'était dans la logique des choses. S'il n'était pas mort dans l'attentat, il serait mort quelques jours ou semaines plus tard dans le Panshir...

Patrick : Personnellement, j'ai eu beaucoup de peine. On peut penser qu'un OT ne doit pas rentrer dans l'affect, parce qu'après, on va dire qu'il est influencé. Mais il faut savoir faire la part des choses. On a parlé de moralité dans le mauvais sens du terme. Là, je parle de moralité dans le bon sens. On a le droit – je pense que c'est même sain – d'avoir ses propres opinions sur les personnes qu'on rencontre.

François : Je reviens à Paris, je change de costume, je change de silhouette, de papiers, d'identité et je repars immédiatement, au plus près de la résistance afghane, donc de l'ex-Alliance du Nord, pour assurer du soutien de la France, du soutien du service et surtout prendre contact avec le nouveau chef qu'est le maréchal Fahim. Je rejoins l'Afghanistan vers le 20 septembre, je m'infiltre à nouveau dans la région de Taloqan et dans la vallée du Panshir. Ils sont, à ce moment-là, un peu déboussolés. Pour eux, ça vient d'Al-Qaïda, ça vient des Taliban, mais concrètement ils n'en ont pas compris le *modus operandi* [...]. Ce sont les deux raisons pour lesquelles ils vont nous confier la totalité des preuves et des restes de l'attentat.

Grégoire : Je l'attribue à la fois à l'ancienneté du contact qu'on avait avec Massoud et au climat de confiance qu'avait su établir mon chef de mission. Il avait fait un travail remarquable de renseignement qui aura permis à la DGSE [d'] identifier la filière mise en place pour réaliser cet attentat, définir l'origine des explosifs, avoir le profil des terroristes. Toutes ces infos très utiles permettront de comprendre la logique derrière ces attentats et d'identifier les commanditaires.

François : Des remontées d'informations vont déterminer que ces passeports étaient belges, volés dans la région de Molenbeek, attribués à des identités fictives de journalistes marocains.

JCN : Le ministre de la Défense de l'époque, Alain Richard, déclare alors que des Français opèrent en Afghanistan. Quelles conséquences cela eut-il pour vous ?

François : Il ne les nomme pas, mais il suffit d'un peu de bon sens pour identifier que seuls des agents clandestins issus de la direction des opérations de la DGSE, ou à défaut du COS[1], peuvent opérer sur zone. Une information absolument maladroite, sans forcément mauvaise intention, mais sur la zone, la course à l'Européen et aux Français proprement dits est lâchée ! Les centaines de journalistes qui se sont prépositionnés, soit à Douchanbé au Tadjikistan, soit dans la poche où le commandant Massoud a été assassiné, [vont avoir pour] tâche quotidienne [d'] identifier quels sont les Français présents sur zone, et [...] parmi ces Français, au nombre de cinq à peu près dans la vallée du Panshir et dans la région de Taloqan, qui sont [ceux] susceptibles d'être des agents français... Je vais recevoir des coups de téléphone de [la] représentante du *Monde* à Moscou et les communications ne vont pas arrêter, pour des raisons fallacieuses : « Tiens, vous êtes présent ? Qu'est-ce que vous faites en Afghanistan ? » [...] Situation extrêmement délicate puisqu'on devient une cible potentielle, avec tous les risques que ça représente d'être dévoilé, y compris de servir d'appât pour les services adverses...

JCN : Deux jours après la mort de Massoud...

Grégoire : Le 11 septembre a été un choc mondial. On n'y était pas plus préparés, nous, que n'importe qui dans le monde. C'était une grande surprise. On le découvre à

1. Commandement des opérations spéciales.

travers les images qui arrivent en direct de New York, à la télé, comme tous les Français. Et j'ai eu cette réflexion, puisque quelques-uns de mes OT n'étaient pas en mission : « Ça y est, les gars, maintenant c'est la guerre ! » Donc, on a attendu, et puis on a attendu des semaines, des mois, rien ne s'est passé.

JCN : *Comment l'expliquez-vous ?*

Grégoire : Géographiquement, [le Service clandestin] est dans une annexe en banlieue, donc on est un peu à l'écart des turbulences du siège. J'imagine qu'en hauts lieux, au niveau de la hiérarchie, dans la direction générale de la DGSE, il y a [eu] une quantité de réunions, de contacts avec les services amis, avec les Américains. J'ai espéré fortement, pendant des mois, que tout ça retombe un peu sur le service [clandestin] en termes de missions, d'axes de recherches, etc. Ça n'a pas été le cas pour une raison que je n'ai toujours pas comprise. Finalement, il ne se passera pas grand-chose de plus que d'habitude... Il faut dire aussi que, parallèlement, on est concentrés sur l'attentat de Massoud.

François : Est-ce que Massoud a eu une prémonition lorsqu'il est venu en avril 2001 [en France] ? Ce qu'il [a] dit s'est passé, [c'est-à-dire] que ce scénario contre lui-même, contre l'Afghanistan, serait doublé d'une attaque majeure en Occident. Est-ce qu'on aurait pu prédire cet événement d'envergure du 11 septembre ? Ce n'était pas mon dossier, je ne suis pas suffisamment compétent pour répondre à cette question.

Patrick : Je considère avec le rebours que ça n'a pas été pris en compte aussi sérieusement que ça aurait dû l'être. [Mais] avec le rebours, c'est facile de dire « on aurait dû ». Quelle phrase merveilleuse ! Non, ce n'est pas facile de prendre des décisions impactantes, de soutien, d'aller détruire des camps à des milliers de kilomètres. Est-ce qu'on avait la capacité de le faire, en temps utile… ? Peut-être aurait-il fallu considérer un peu plus la position de Massoud, oui, certes, mais aller à 100 % dans ce qu'il souhaitait faire, je comprends qu'on ne l'ait pas fait.

Fabrice : On m'avait dit : « L'Afghanistan, ça n'a pas beaucoup d'intérêt, mais ça te fera les dents. » C'était avant 2001, pas très longtemps avant. Autant dire qu'il y avait une forme de mauvaise compréhension de la réalité du terrain. Parce qu'on manquait de capteurs humains, et donc, dans ce cas-là, vu qu'il n'y avait plus d'ambassade, de sources clandestines.

Vincent : On s'attendait [à] des choses. Par exemple, à un moment donné, on a été capables de recueillir de l'information sur un potentiel détournement d'avion à Djibouti. Ils voulaient un Airbus. À Djibouti, il y a beaucoup d'Européens. Ils voulaient détourner l'Airbus et le faire péter. On a su. Quand ça s'est transmis, le service [a pris] toutes les mesures pour renforcer la sécurité, toutes les personnes qui y avaient accès n'y avaient plus accès. Bref, ils ont fait leur boulot. Le commando qui devait partir a préféré démonter parce que leurs accès à l'avion avaient été mis de côté…

Fabrice : Ce serait orgueilleux de dire que [le 11 septembre] n'était pas surprenant. Un coup de cette ampleur, je pense que les Taliban [en] ont eux-mêmes été très surpris.

Vincent : Moi, je suis dans la capitale d'un pays voisin. Le service veut savoir, veut avoir le sentiment de mes différents contacts sur cette affaire, y compris des contacts officiels. Savoir ce que ça signifie, qui est derrière, et pourquoi. Là, on a toutes les thèses qui apparaissent. La première, c'est de dire : « Non, Al-Qaïda ne peut jamais organiser ça » – ils ne sont pas assez structurés, c'est obligatoirement l'œuvre d'un service très compétent, très puissant. Et puis, il y en a d'autres qui s'interrogent, et qui disent que c'est peut-être plus complexe.

Michel : Une opinion très personnelle, c'est que si on avait vraiment arrêté avec Massoud, et si on n'avait pas gardé ce mythe, en économisant un an, deux ans sur la mort de Massoud, peut-être que la situation aurait été très différente. Peut-être même qu'il n'y aurait pas eu le 11 septembre ni d'occupation de l'Afghanistan par les troupes alliées…

Patrick : Comment est-ce qu'on peut dire des choses pareilles ? Comment on peut dire que le 11 septembre aurait pu être évité si on n'avait pas soutenu Massoud, alors que Massoud était le premier à nous dire où se situaient les camps d'entraînement de ceux qui sont allés ensuite à New York faire ce qu'ils ont fait ? C'est n'importe quoi ! Je m'inscris en faux, totalement, avec ça.

Grégoire : Avec des si on peut tout imaginer. Moi, je ne suis pas devin.

Vincent : Le service avait probablement d'autres sources d'information, soit des interceptions, soit d'autres sources qui étaient traitées ailleurs, mais moi, sur le théâtre pakistano-afghan, je n'ai pas eu d'informations particulières.

François : On peut toujours refaire l'histoire. Personne ne savait à la fin des années 1990 comment allait évoluer la situation ni qui allait l'emporter. Massoud alertait, mais les autres nous alertaient également, et essayaient de donner des signes de bonne volonté sur la légitimité de leur action. Un service de renseignement, c'est ça, c'est pouvoir renseigner toutes les parties, mais avec des acteurs différents.

JCN : Après le 11 septembre, la DGSE recueille cependant des fruits inattendus de sa longue présence dans la zone…

Vincent : Dans la période entre le 11 septembre et l'attaque de la coalition, il y a des pressions énormes qui sont effectuées sur Mollah Omar. Un Pir soufi organise en Afghanistan une réunion, une choura de six cents oulémas. Ce Pir dit : « On ne voit pas pourquoi le pays serait détruit à cause des décisions prises par des gens que l'on a accueillis, les volontaires arabes. » Il y a un vote, une majorité se dégage pour qu'Oussama soit expulsé.

Norman : Il est bon de rappeler que les Afghans n'ont pas été impliqués directement dans les opérations liées au 11 septembre. Ça a été monté dans les camps, avec des Arabes.

Vincent : Quelques semaines après, je suis approché. [On me demande :] « Si quelqu'un risque la peine de mort dans un pays, est-ce que c'est vrai que la France ne peut pas l'extrader ? » Je dis oui. « Et si on vous [le] remettait, est-ce que vous seriez capables d'accueillir Oussama Ben Laden ? » Je ne sais pas si ce sont les Taliban tout seuls qui y ont pensé, ou s'ils ont été aidés par des tuteurs locaux ou régionaux, mais toujours est-il que par deux canaux différents, religieux et plus organisationnel, on me pose cette question. J'ai appris à être attentif et passif : je ne peux pas donner de réponse à ce type de question. Je me retourne vers mes autorités, je les appelle par téléphone crypté et ils me disent : « Ne bougez pas, on vous rappelle. » Bon, j'attends, très longtemps… Ça a dû ennuyer mes autorités hiérarchiques…

JCN : *Parce que c'était un cadeau empoisonné ?*

Vincent : Bien sûr ! Vous imaginez accueillir Oussama en France ? Vous imaginez ce qui peut se passer avec la communauté afghane, musulmane ? Tout devient possible, y compris le pire. Mais, quand on ne peut pas accueillir une personne dans un pays, on peut l'accueillir dans un pays ami…

JCN : *Donc vous n'avez jamais reçu de réponse de votre hiérarchie avant le début des frappes américaines en Afghanistan ?*

Vincent : Tout à fait, et après ce n'était plus possible. Je pense que c'était une étude théorique plus qu'autre chose, une alternative proposée par des décideurs autour de Mollah Omar : « On va le dégager dans de bonnes conditions, il ne sera pas tué »…

JCN : *Au nord de l'Afghanistan, c'est un autre genre d'informations, mais tout aussi stratégiques, que François se voit offrir par les troupes de Massoud, le plan de frappes aériennes mis sur pied par l'état-major américain.*

François : Ce que les autres vont payer, ou financer, nous allons l'avoir par idéologie. C'est le fruit de la politique d'investissement et le résultat des vingt ans de coopération entre nous et le clan Massoud. La délégation américaine arrive sur zone, et je vais récupérer la totalité des informations que les Afghans vont [lui] donner, à huit heures d'intervalle. C'est-à-dire qu'une journée après le passage de la délégation, je vais envoyer à Paris les cent dix cibles qui vont être frappées à partir du 7 octobre 2001. Ça va être pour moi un long travail. C'est qu'ils vont me livrer les cartes, mais des cartes russes, avec des coordonnées qui ne sont pas [celles du] système français. Il va falloir positionner sur ces cartes la situation exacte des cibles, redonner les véritables coordonnées des cartes militaires en vigueur au service, les rentrer sur l'ordinateur, les chiffrer et les envoyer en temps réel à Paris. Tout ça, au fin fond de la vallée du Panshir, et dans une petite maison sans électricité. Il va falloir pédaler pendant trente-six heures pour recharger les batteries qui me permettront d'envoyer la totalité des messages avec les bugs informatiques que l'on peut envisager. Mais, bien que les Américains ne nous aient pas communiqué le plan des frappes, le 7 octobre, lorsque les Américains bombardent, on a tout.

JCN : C'est typiquement le genre de renseignements qui va au plus haut sommet de l'État ?

François : Normalement, oui...

JCN : Vous quittez le pays peu de temps avant le début des frappes...

François : Le maréchal Fahim, que je rencontre à Taloqan le 6 octobre après-midi, me met dans un hélicoptère, en me disant : « Tu sors » alors que le service voulait que je reste. Il me fait sortir parce que, dès le lendemain, les frappes commencent. Je pense qu'il avait la volonté de ne pas exposer un de leurs contacts à d'éventuels dommages collatéraux.

JCN : Au même moment, le reporter de Paris Match, *Michel Peyrard, entre lui en Afghanistan pour couvrir le conflit. Le 9 octobre, il est capturé. Dans un pays proche, le chef de poste de la DGSE s'active…*

Vincent : J'apprends par l'AFP qu'un journaliste français a été arrêté en Afghanistan, il portait une burqa, c'était un peu complexe. Donc, tout de suite, j'oriente des sources pour savoir qui c'est, comment ça s'est passé. J'apprends qu'il s'est fait arrêter avec un fixeur, qui est le neveu d'un *maulana*[1] que je connais bien. Le lendemain matin, je le rencontre et on fait valoir un certain nombre d'arguments, comme quoi Michel Peyrard n'est pas un espion, qu'il faut que, sur ce coup-là, il nous aide. C'est un *maulana* très puissant, il appelle le gouverneur de Djalalabad et lui explique que c'est un journaliste, qu'il faut le relâcher. On apprend que les conditions de Michel Peyrard se sont améliorées. Au départ, ils voulaient le pendre et à la fin, on apprend qu'il peut circuler, mais ne peut pas s'échapper. Pour le libérer, il fallait un ordre de Mollah Omar. Donc on a utilisé les réseaux soufis pour remonter jusqu'à Qari Amanullah qui était dans le Nord et Qari Amanullah[2] a fait donner les ordres pour la libération.

JCN : Le début de l'opération Enduring Freedom *en Afghanistan est loin de sonner la fin de vingt ans d'investissement pour la DGSE. Avec l'irruption dans le pays des armées occidentales, il s'agit seulement pour elle d'adapter son dispositif…*

---

1. Un théologien.
2. Rappelons qu'il s'agit du chef du Service de renseignement taleb.

François : On est dans une mission internationale menée par les Américains dont le but est de reprendre la possession de la totalité du territoire afghan et de chasser les Taliban et Al-Qaïda. C'est une mission militaire, c'est une guerre qui commence, guerre à laquelle la France va s'associer. Raison pour laquelle ma mission secondaire – ma première était d'informer et de renseigner – va être de servir de « harpon » à l'engagement du service action. Ma mission va donc consister à accueillir le premier détachement du Service action qui va arriver sous couverture, et, avec nos amis Afghans, de l'infiltrer en toute discrétion au plus près du premier cercle du commandant Massoud, et du nouveau maréchal Fahim. Personne ne prédit à l'époque que les Taliban vont se dissoudre dans le paysage quasiment en moins de quarante-huit heures. L'ex-Alliance du Nord va se retrouver dans Kaboul au tout début de novembre. Le but du SA va être de positionner, au plus près des grands commandants qui composent la nouvelle ossature du maréchal Fahim, des équipes de renseignement opérationnel et de formation, dans le but d'asseoir la position de la France. Donc, on va former des officiers de renseignement afghans à lutter contre les résiduels d'Al-Qaïda et des Taliban qui ont repris leurs métiers traditionnels d'ouvrier, de paysan, prêts à recommencer ultérieurement le combat – ce qui va se passer dans les années 2005-2006.

Vincent : Quand le régime s'est effondré, il y a un certain nombre de gens qui ont pu passer au Pakistan, ou qui y étaient. Ils avaient besoin de vivre, ou de survivre. C'était une bonne période pour recruter des sources…

JCN : *Donc des sources dans l'ancien régime taleb ?*

Vincent : Oui, bien sûr. À l'issue de l'attaque menée par la coalition, j'étais en contact avec un certain nombre de Taliban qui s'étaient réfugiés au Pakistan, et qui étaient prêts à nous aider, nous rapporter un certain nombre d'informations pertinentes sur les volontaires arabes en priorité. Ils étaient conscients que ça avait une valeur, que ça pourrait être échangé plus tard, et c'est à partir de là qu'ils ont commencé à jouer cette carte.

JCN : *Pour clore le chapitre afghan, la DGSE a pris une part active à la conférence de Bonn en décembre 2001. Quel était son dispositif ?*

Grégoire : En fait, la conférence de Bonn était un moment important pour l'avenir de l'Afghanistan. C'était une réunion afghano-afghane, il n'y avait pas ou peu de participants étrangers. Grâce à nos amis afghans, on a mis en place une petite cellule de transmission du renseignement. J'étais moi-même sur place, dans un hôtel, à côté de l'endroit où se passait la conférence, avec un de mes équipiers qui était chargé de la transmission, et on était nous-mêmes renseignés en temps réel par nos amis afghans sur les tractations en cours.

François : Pour ma part, je me rends sur zone et l'homme qui m'a tout appris sur l'Afghanistan pendant mon année de formation arrive à me faire rentrer à minuit, le soir de la première journée de la conférence. Je vais pouvoir rencontrer le docteur Abdullah, qui était l'ancien bras droit de Massoud, que je connaissais bien, et surtout le frère cadet de Massoud. Ils vont m'exposer pendant deux heures leur stratégie, ce qu'ils vont négocier face au candidat imposé par les Américains, Hamid Karzai, et les contreparties que va demander l'ex-Alliance du Nord. Ce qui fait que ce jour-là, quand je ressors deux heures et demie plus tard, j'ai la stratégie complète, non encore officielle, de l'ex-Alliance du Nord que je vais envoyer à la centrale [...]. L'échec de la politique internationale en Afghanistan, c'est l'échec d'une coalition menée par les Américains qui, par méconnaissance culturelle et des acteurs principaux, qu'ils soient Taliban ou issus de l'ex-Alliance, ne vont pas prendre la bonne mesure de la conduite de ce nouveau pays. Et je pense que ce n'est pas à Bonn que ça se décide. C'est plus la mise en œuvre de la stratégie qui va découler de la conférence de Bonn, à mon avis, qui n'est pas suffisamment adaptée à la culture afghane et à leurs traditions.

JCN : La conférence de Bonn installe le Pachtoune Hamid Karzai à la présidence de l'Afghanistan. Il est loin d'être un inconnu pour la DGSE...

Vincent : Le président Karzai a été un opposant très actif, je l'ai rencontré plusieurs fois [avant 2001]. Il estimait [qu'] avec quelques centaines de milliers d'euros, il y avait un certain nombre de tribus de Kandahar qui pouvaient se soulever [contre les Taliban]. Karzai est venu à Paris d'ailleurs, il a rencontré des personnalités et il a commencé à leur demander de l'argent parce que ses moyens sur le terrain étaient faibles. Tout le monde s'est un peu méfié... Le problème de ce type d'action, c'est qu'il faut que ça soit mené de façon très confidentielle. Lui-même était entouré d'un certain nombre d'agents d'informations des Taliban. Toujours est-il que, quelques semaines avant le soulèvement, les principaux chefs ont été arrêtés... Tout n'a pas été perdu pour Karzai puisque [après le 11 septembre], il a été capable de prendre une partie de territoire en Afghanistan, d'organiser un soulèvement, mais là, avec l'appui de l'Alliance internationale, de la coalition.

JCN : *Vous voulez dire que la France a manqué une bonne occasion d'être dans les meilleures dispositions avec le futur président de l'Afghanistan ?*

Vincent : Quand quelqu'un que vous voyez simplement pour une tasse de thé devient président, il ne suffit plus d'une tasse de thé pour l'inviter chez vous…

XVII

Et maintenant ?

Si la DGSE n'existait pas, beaucoup l'auraient déjà inventée. Combien d'amateurs de complots, combien d'enquêteurs très sûrs d'eux-mêmes l'imaginent à la manœuvre partout où bat le cœur du monde ? Ce n'est pas la DGSE qui s'en plaindra. Après tout, si la grenouille est vue aussi grosse que le bœuf, elle n'a plus d'efforts à accomplir... Plus néfaste est la tendance actuelle à la décrire comme un repaire de tueurs à gage que le président de la république solliciterait à merci après avoir rayé un nom de sa liste de dignitaires djihadistes. C'est toujours la même tambouille dans le vieux pot de l'imagerie populaire française. DGSE = espions = tueurs, avec une petite touche supplémentaire d'ambiance Far West. Passons sur les chiffres insensés de ces prétendus « assassinats ciblés[1] » que, enivrée sans doute par cette ambiance de « guerre », une large part de la presse reprend sans s'interroger sur leur vraisemblance. Passons sur la confusion sidérante que ces auteurs pratiquent entre opérations « homo » et

1. Je prie le juriste qui voudra bien se dévouer de m'expliquer ce que serait un « assassinat non ciblé »...

actions militaires. Le plus grave est que ces écrits font le jeu du camp d'en face. Présenter la France comme adepte de la vengeance sans foi ni loi, c'est offrir du souffle à un tourbillon de violences qui est déjà suffisamment alimenté par ailleurs...

JCN : *Le 11 septembre et ses répliques ont-ils conduit à modifier l'envergure du Service clandestin ?*

Fabrice : Le nombre de clandestins n'a pas explosé. Ils ont voulu maintenir à un niveau artisanal, de sur-mesure. Plus on multiplie, plus on va prendre de risques, car on ne peut pas gérer de manière très fine. Le problème, c'est que toute la frange sud de la Méditerranée, toute la frange orientale et l'Ukraine, ça fait beaucoup, juste à nos frontières... Moi, j'avais toujours cette sensation quand je revenais à Paris, après des mois de mission, que les Français étaient tellement tranquilles, dans leur bulle de calme ! Mais à l'époque, la frontière c'était plutôt l'Afghanistan, le Pakistan, le Caucase, un peu le Sud de l'Afrique, enfin les Grands Lacs. Cette frontière de conflits, elle est [désormais] juste à côté de la frontière de l'Union européenne. Il n'y a pas plus proche, avec au moins trois grands théâtres. Aujourd'hui, est-ce qu'on a des clandestins à Donetsk, est-ce qu'on a des clandestins à Kidal, est-ce qu'on a des clandestins dans les zones syriennes ? Pas sûr, parce que l'histoire avance à un rythme incroyable aujourd'hui, et pas forcément en lien avec le temps nécessaire pour installer des clandestins...

JCN : La DGSE a-t-elle suffisamment anticipé la montée du péril djihadiste, son extension au pré carré français ?

Hervé : Quand on combat sur le territoire français, avec tout le mérite qu'ont ceux qui le font, c'est déjà combattre en reculant. Donc, si on peut le faire en amont, dans le temps et dans l'espace, c'est comme ça qu'on peut gagner. Le rôle que peut jouer la DGSE dans l'appréhension de ce risque-là, à mon avis, est déterminant. Parce que [...] dans ce type de menace terroriste, l'anticipation est indispensable. Donc détecter, le plus loin possible du territoire national, des gens, des idées, des mouvements, des frémissements politiques... On est dans le cliché, [mais c'est] l'aile du papillon : s'il y a un clandestin qui peut être là, avec son appareil photo, au moment où le papillon bat de l'aile, c'est super. D'où l'importance des détails, et puis la capacité à se dire que tout fait sens dans ce qu'on peut voir et entendre. Et qu'on n'est pas juge, qu'on n'est pas forcément équipé pour comprendre ce que l'on voit.

Vincent : Quand on regarde actuellement l'État islamique, finalement, ce sont en un sens les descendants d'Al-Qaïda. On a mis un coup de pied dans la fourmilière et c'est un peu parti dans tous les sens. À partir du moment où c'est parti, il y a eu des alliances passées avec le GIA, donc [en] Algérie, et puis ça a continué vers le Mali, vers toute cette Afrique sub-saharienne.

Fabrice : Les Taliban avaient une stratégie afghane, ils n'avaient jamais eu une stratégie mondiale comme aujourd'hui l'État islamique [...]. Les Taliban étaient les représentants d'une majorité, les tribus pachtounes, qui avaient été marginalisées. À partir de là, aiguillonnés, instrumentalisés par les services secrets pakistanais, l'ISI, ils ont repris ce qu'ils estimaient être leur droit naturel et ils imposaient plus leurs propres codes coutumiers qu'une version très chariatique, très wahhabite de l'islam. D'ailleurs, aujourd'hui, l'État islamique et les Taliban canal historique[1] se font la guerre pour le contrôle des territoires.

François : Je pense qu'il ne faut pas se tromper de djihad. L'appellation djihad, c'est la guerre contre l'Infidèle. Pendant la guerre [dans les années 1980], l'Infidèle, c'étaient les Russes. Ce n'est pas de commune mesure avec le djihad dont on parle aujourd'hui, qui est un terrorisme islamique, et qui vise à éradiquer les fondamentaux du système occidental.

JCN : Il y a très peu d'Afghans parmi les terroristes opérant en Occident aujourd'hui…

François : Ceux qui ont assassiné Massoud n'étaient pas des Afghans[2].

Fabrice : Il y a comme un bourgeonnement du salafisme djihadiste. Il éclôt chez les Taliban parce que les Pachtounes poussent ce genre de solution politique. Il éclôt en Arabie Saoudite, qui est la patrie du wahhabisme. Il éclôt en Irak et en Syrie, parce que les majorités ou les minorités sunnites sont marginalisées par le pouvoir central. Au Sahel, en ce moment, on perd le contrôle d'une grande partie du Mali malgré la présence de forces militaires françaises. L'État islamique

1. Taliban ayant commencé la lutte dans les années 1990 et qui, contrairement à l'EI ou Al-Qaïda, ne visent que la prise de contrôle de l'Afghanistan.

2. Il s'agissait de deux Tunisiens.

est le dernier avatar d'une tendance générale du salafisme djihadiste qui cherche des terreaux favorables pour s'implanter : une communauté religieuse qui soit tout de même dans cette tendance extrémiste, un État relativement failli, et aussi un clientélisme, une corruption. Bref, [il faut] que ça génère suffisamment de frustrations dans la communauté pour que cet État islamique, ou quel que soit le nom qu'il aura dans cinq ans, puisse s'autogénérer et se développer. Il y a d'autres zones dans le monde où il pourra trouver des capacités de rebondir, même s'il est chassé de Raqqa, où des différentes villes qu'il occupe actuellement [au Levant].

JCN : Est-il vraisemblable qu'un service de renseignement occidental comme la DGSE infiltre une organisation comme l'État islamique ?

Daniel : C'est fortement probable.

JCN : Cela relève-t-il du roman d'imaginer qu'un proche collaborateur d'al-Baghdadi soit un agent infiltré de la DGSE ?

Daniel : Ça dépend ce qu'on appelle « agent[1] ». Ça sera forcément une source, une source formée, mais une source, pas un officier traitant. Pour des raisons évidentes de sécurité, ça ne peut pas être un fonctionnaire de l'administration française. Et si ce n'est la DGSE, ça peut être d'autres services étrangers avec lesquels nous

1. On revient là à l'expression abusivement employée d'« agent secret ». Un « agent » est celui qui est manipulé par l'officier de renseignement pour parvenir à ses fins.

collaborons, et qui peuvent nous donner des informations.

Fabrice : L'État islamique au Levant, ce n'est pas forcément un travail pour le Service clandestin. Pourquoi ? Parce que, dans les zones de Daech, vous n'avez pas le choix : soit vous êtes avec eux, soit vous êtes contre eux, et pendus si vous êtes pris en otage. Donc, la seule possibilité, c'est d'avoir un agent d'infiltration. Ça veut dire infiltrer quelqu'un dans les milieux djihadistes parisiens ou français, lui faire faire toute la filière de recrutement, notamment vers la Turquie… Ça prend du temps. Et après, chez eux, comment il transmet l'information ? Parce qu'eux ne sont pas stupides, ils ont toujours un vrai service de contre-espionnage interne, et donc, au départ, ils n'ont pas du tout confiance dans les jeunes recrues… Pour peu que la jeune recrue soit un peu plus intelligente que les autres, ça pose question. Donc, ils vont le surveiller, et si *in fine* il ne peut pas transmettre l'information, quel est l'intérêt ? Ce qui est intéressant pour le Service clandestin, ce sont les zones de crise potentielles ou réalisées, où on s'installe pendant des années.

Hervé : Je ne me prononcerai pas sur des opérations en cours. Mais c'est un calcul qui appartient à la fois à l'OT clandestin, à son chef, au DG de la DGSE et aux autorités politiques. C'est-à-dire le calcul du risque par rapport à ce que l'on peut attendre d'un agent clandestin. Quand on peut envoyer un drone, tout le monde préfère envoyer un drone. Il y a une valeur humaine qu'on prend en compte tout le temps. Il n'y a rien de pire qu'un agent en danger, dont on ne maîtrise pas la sécurité, pour un renseignement qui finalement ne sera pas forcément stratégique.

JCN : Certains officiers traitants des années 1990 puisaient leurs motivations dans les attentats du GIA affectant alors la France. Ils voulaient à tout prix éviter que leurs propres enfants n'en soient un jour victimes…

Fabrice : C'est ce qui nous touche au plus proche qui génère le maximum de motivations. Et aujourd'hui, je pense que les jeunes officiers traitants post-Bataclan sont extrêmement motivés.

XVIII

De l'ombre à la lumière

C'est un jeu assez français. Vous posez une question dans le cadre d'une enquête. Votre interlocuteur marque un silence, vous fixe, regarde autour de lui, puis vous fait comprendre d'un clin d'œil ou à l'aide de mots bien choisis qu'il ne peut pas vous répondre parce qu'il a appartenu au service de renseignement extérieur de la France… Un conseil : passez votre chemin. Celui qui a vraiment été à la DGSE, soit il ne vous en dira rien, soit il vous répondra, car il sait ce qui est racontable et ce qui ne l'est pas. Ainsi que Grégoire l'a souligné, la mythomanie est activement recherchée chez tous les candidats à la clandestinité, même si le filet peut avoir des trous. Mais pour un cas d'ancien membre de la DGSE se répandant dans les médias, combien de centaines parvenant à concilier vie ordinaire et contraintes extraordinaires ? Le cinéma s'est assidûment intéressé au travail des officiers de renseignement, à leur rapport avec une double identité, le mensonge, etc. Il est un pan de leur vie bien moins exploité, le choc que constitue le retour en France, la confrontation entre le rythme trépidant d'une mission clandestine et la routine de la vie de famille.

JCN : Après des semaines, voire des mois, sur le terrain, comment vit-on le retour en France, à la maison ?

Patrick : Typiquement, [vous êtes] confronté à un génocide où vous voyez ce qu'il y a de pire dans l'humanité, et le lendemain, vous êtes chez vous [à] aller chercher trois croissants pour le petit-déjeuner avec votre épouse. Faut le gérer... C'est aussi, à rebours, être tranquillement en train de jouer au tennis avec des amis et, dans l'heure, de se retrouver confronté à une situation terrible. Il faut être prêt et c'est pour ça que cela nécessite de l'entraînement. Ce n'est pas quelque chose d'inné.

Georges : Le Service clandestin recherche [...] des agents équilibrés, bien dans leurs baskets, qui peuvent passer d'une vie extrêmement excitante à une vie normale sans transition. Après, ça ne s'apprend pas.

Fabrice : Ça peut être compliqué à gérer. En l'occurrence, j'avais une épouse et des enfants. Pendant des mois, je ne les voyais pas et [je] rentre... Ils ont suivi leur propre trajectoire, j'ai suivi ma trajectoire. Je ne peux absolument pas parler de ce que j'ai fait parce que, non seulement je ne devrais pas, mais parce que ça n'intéresse pas tellement les gens. On ne se rend pas compte, mais quand on dit « J'étais là », et [qu'] on ne rentre pas dans le détail, dans un dîner en ville, ça n'intéressera pas grand monde. Et comme on est formé, instinctivement, on se met dans le repli, on a tendance à gommer les aspérités pour ne surtout pas sortir du lot et, en fait, on a une frustration de ne pas pouvoir partager.

Victor : Partir sous une identité six mois, en étant bien concentré, arriver en France et être le soir même à la maison, ça peut ne pas être une très bonne idée, car on va être un peu pénible. Ça laisse des traces, obligatoirement. On a beau dire qu'on se réadapte vite, on ne peut pas faire abstraction de ce qu'on a vécu [...]. La mission n'est pas non plus un stress permanent, sinon ce serait invivable [...]. On a l'impression de faire quelque chose qui est utile à sa petite échelle, très modestement, d'apporter sa contribution, donc il y a un côté plaisant. Malgré tout, il y a des circonstances qui peuvent être compliquées, donc comment fait-on quand on rentre ? Tout dépend de son caractère. Ce qui est bien, quand la mission a été vraiment compliquée, c'est de faire une sorte de sas, une petite transition.

Patrick : Il faut être très modeste. Regarder les choses telles qu'elles sont. Et se dire qu'on ne sort pas forcément indemnes de tout cela. De mon temps, il n'y avait pas de soutien psychologique quand on revenait de mission. Vous revenez d'un conflit, vous êtes dans la guerre, vous êtes dans des situations où vous voyez des moments pénibles, vous êtes confrontés à la mort et vous vous retrouvez du jour au lendemain dans Paris, insouciante, en paix. Cette période transitoire est un peu complexe, je dois le reconnaître avec le recul. Il y a eu des moments de décompression qui n'arrivent pas forcément tout de suite [...]. On peut avoir des réactions absolument incompréhensibles pour son propre entourage. Je me suis [ainsi] retrouvé dans un stage à partager une chambre avec un policier, et en pleine nuit, je me réveille parce que je pensais qu'il y avait un bombardement. Je ne sais pas pourquoi, je lui tombe dessus. Je croyais qu'il m'agressait... Ça peut aller jusque-là... Nous ne sommes pas des machines, uniquement sur la mission, sur ce qu'il y a à faire. Il y a des implications psychologiques fortes, que l'on doit digérer et que l'on digère plus ou moins facilement et plus ou moins longtemps.

JCN : *Tant d'efforts, tant de joies, tant de peurs, tant de réussites et tant d'échecs, tout ça sans que personne n'en sache rien… N'est-ce pas également difficile à vivre dans la durée ?*

Hervé : Ça peut paraître présomptueux mais la reconnaissance […], ce n'est pas pour ça que j'ai choisi d'aller à la DGSE, c'est même tout l'inverse. On le sait, les choses sont claires dès le départ. On vous explique : « Si vous êtes venu chercher la gloire à la DGSE, qu'elle soit en interne ou en externe vis-à-vis du grand public, vous vous êtes trompé de service. »

Patrick : Le service, c'est une histoire d'abnégation. C'est difficile de retranscrire le fait d'accomplir des missions, et de savoir pertinemment qu'elles ne seront jamais reconnues, que même à votre famille vous ne pourrez pas en parler, à vos enfants, votre épouse, votre mari. Tout ça c'est quelque chose qu'on prend en compte, et il faut l'accepter tout de suite, d'emblée.

Georges : Lors des tests de sélection, on nous demandait nos motivations. Et il y avait une question qui portait sur les décorations. On sait tous que les militaires qui interviennent dans les zones de guerre ont souvent peu de reconnaissance, si ce n'est les rubans colorés qu'ils portent à la poitrine. À la DGSE, à l'époque, il n'y avait pas ce genre de reconnaissance, les opérations étaient secrètes voire clandestines, et la seule reconnaissance que l'on pouvait avoir c'était une poignée de main ou des remerciements de la part du directeur général…

Patrick : Je me rappelle très bien que mon premier instructeur à Cercottes m'a dit : « Si vous êtes là pour les médailles, vous pouvez partir tout de suite. Allez dans d'autres régiments, là oui, vous trouverez peut-être votre bonheur. »

Grégoire : Il y a [tout de même] des décorations. Moi, j'aurai eu l'immense plaisir de décorer deux de mes subordonnés pendant ma période. Ce qui représente peu au vu des missions et des risques pris, mais à l'époque ça ne se pratiquait pas beaucoup. La citation[1] est très générique, et ne mentionne pas forcément les véritables endroits où a eu lieu la mission. On peut utiliser des pays ou des zones écrans, puisque ce n'est après tout qu'un jeu d'écriture, administratif. La remise de la médaille se fait dans un lieu extrêmement confidentiel, en présence du minimum de personnes, c'est-à-dire de l'intéressé lui-même et de ses deux chefs, chef de service et DO.

Sandra : Après, même si ces médailles existent, elles sont un peu compliquées à exposer dans une vitrine. Parce qu'il va falloir les expliquer… !

Fabrice : On est mal payés, il faut être honnête. On n'a aucune glorification, on n'aura jamais de médailles. J'ai une petite anecdote. C'était un pays de conflit, j'y travaillais depuis des mois, et j'avais un lien assez proche avec un des dirigeants politiques locaux, qui m'expliquait : « Mais, mon pauvre ami, les services français sont vraiment nuls, on sait exactement qui ils sont… » Et là, j'ai eu cette satisfaction profonde du métier bien fait ! Il me racontait, à moi, ce que mes petits camarades officiels faisaient. C'est ce genre de petites satisfactions qui permettent de dire « je ne fais pas ça pour rien ».

1. Le texte qui accompagne la décoration.

Georges : Je pense qu'il y a une forme de défi de se prouver qu'on peut endosser une autre vie et qu'on peut être parfaitement légitime et convaincant. C'est assez excitant de recruter une source inconsciente, de réussir avec le temps à gagner sa confiance et à lui tirer les vers du nez en recueillant des informations extrêmement sensibles. Donc, il y a une excitation qui compense les contraintes [...]. Le fait d'arriver avec le temps à témoigner d'une situation dans un pays en guerre où les frontières ont été fermées, là où la presse ne peut pas pénétrer, et à informer les autorités de la réalité de cette intervention, des enjeux géopolitiques, c'est assez intéressant puisqu'on se dit qu'on vit quelque chose que nul autre ne peut vivre, qu'on est une poignée à pouvoir témoigner de ces situations...

Hervé : La reconnaissance, on en a besoin de la part de nos pairs, de nos chefs directs, des autres officiers clandestins. Parce qu'on a un côté diva, on a toujours envie d'être celui qui a rapporté la pépite. Mais ça s'arrête là, ça nous suffit. C'est une course amicale entre nous.

JCN : Comment met-on fin à une vie pareille ?

Georges : Après avoir vécu une douzaine d'années de missions sous couverture, j'ai souhaité me rapprocher un peu de ma famille et avoir une vie moins contraignante, plus présente. Je n'ai pas ressenti de frustrations, ni d'aigreur, au contraire. J'ai retrouvé une vie tout à fait normale après ces années excitantes au sein du Service clandestin.

Fabrice : La clandestinité n'est pas tenable pendant vingt ans. Il y a des contradictions internes psychologiques, ou dans la vie, qui font que ça bloque ou que le système se bloque. Il y a des gens qui avaient besoin de s'arrêter parce qu'ils avaient généré des problématiques, des ulcères, enfin ils ne supportaient pas cette schizophrénie organisée.

Grégoire : Aline faisait partie de cette catégorie de jeunes OT que j'avais préemptés pour l'entrée à la DGSE. On commençait à monter un petit peu en difficulté dans les missions qui lui étaient dévolues. Ça se passait plutôt bien jusqu'au jour où elle est venue me voir dans mon bureau en me disant – elle devait partir en mission la semaine suivante, je crois : « Faut que je vous dise que je suis sous tranquillisants depuis maintenant plusieurs semaines. Je commence à avoir du mal à assumer le stress, et je ne suis pas certaine de pouvoir continuer. » Elle a eu cette honnêteté intellectuelle et personnelle qui fait partie des qualités fondamentales de l'agent, je l'en ai félicitée. J'ai fait en sorte qu'elle trouve un point de chute valorisant. Elle travaille toujours dans l'institution. Et autant que je sache, ça se passe très bien pour elle.

Fabrice : Il y en a d'autres qui ont mal vécu et qui ont recherché ailleurs de l'adrénaline… Et puis, il y a des gens, comme moi finalement, qui étaient suffisamment jeunes pour se recréer une autre existence tout en ayant la certitude que jamais l'existence qui suivrait n'égalerait celle qui venait de passer.

Vincent : C'est une expérience irremplaçable…

François : C'est tellement prenant qu'on n'a pas envie que ça s'arrête. Ce furent de très belles années, bien au-delà de ce que j'aurais pensé.

Patrick : Je ne suis pas dans ce trip-là. Moi, ce qui m'intéresse, c'est ce que je vais faire demain. Et tout ce que la vie va encore m'apporter.

Daniel : Ça a été une période riche parce qu'on y voit le monde sous un angle différent.

Benoît : Ça a incontestablement été des années exceptionnelles, ne serait-ce que par la qualité des gens avec qui j'ai travaillé. J'avais notamment une équipe de sous-officiers avec lesquels je serais parti au bout du monde.

Norman : J'ai pris une retraite à 60 ans sur ma demande. Ma femme était contente de me savoir plus calme, quoiqu'elle s'inquiétait et pensait que j'allais m'ennuyer et peut-être inventer des opérations pour sortir de la maison...

Sandra : J'ai décidé d'arrêter l'activité clandestine tout simplement pour pouvoir fonder une famille. C'est un choix, une décision de ma part, et cette décision n'est pas facile à prendre quand on sait que, quand on quitte ce métier, c'est fini. Il faut presque autant de courage pour y aller que pour en sortir.

JCN : *Vous avez des enfants. À quel moment pensez-vous les informer de vos activités passées ?*

François : Ils ont trouvé tous seuls ! Même s'ils ne disaient pas grand-chose, ils voyaient bien que, pour un militaire, j'avais parfois les cheveux un peu plus longs, la barbe, que j'étais moins propre que ce que devrait être un officier dit traditionnel. Ils voyaient bien qu'il y avait des départs qui n'étaient pas prévus, des activités que j'ai dû annuler car je devais partir immédiatement en mission. Et surtout, le déclencheur a été, en 2004 : un film[1], qui a montré les différents aspects des métiers du renseignement. À chaque type de métier, ils avaient

1. En fait, un reportage de l'émission *Envoyé spécial*.

donné un nom, et pour l'opérationnel, ils l'avaient appelé le « caméléon ». Le lendemain, mes enfants vont à l'école, et les premiers commentaires des amis de mes filles ont été : « Mais ça y est, on a compris ! Ton papa, c'est un caméléon. » L'affaire était vendue et j'ai tombé le masque.

Sandra : Je ne provoquerai pas forcément l'entretien. Ce sera peut-être en réponse à une demande de leur part, ou si je vois que ce type de métier peut les intéresser. Je me suis donné comme limite 70 ans, pour avoir le recul sur l'histoire contemporaine qui se déroule. Et même, tout simplement, je n'ai pas forcément envie de le raconter trop vite, sinon je ne saurai pas quoi faire quand je serai à la retraite…

Victor : À l'évidence, ce sont mes plus belles années professionnelles, ça a rempli et bouleversé ma vie. J'ai été particulièrement privilégié. J'ai essayé de donner le maximum de ce que je pouvais faire, et j'ai beaucoup reçu en retour. Je pense que la plupart a la même vision que moi. Je ne connais pas de gens, ou exceptionnellement, qui n'ont pas aimé être au service, qui n'y ont pas trouvé de l'intérêt. Tout le monde, tous les gens qui sont là sont passionnés.

Grégoire : Les plus belles années, je ne sais pas. Les plus riches certainement. Les plus intenses.

Patrick : On ne rentre pas dans ces services-là par hasard. On donne de sa personne, on change de personnalité, on change de vie, on a d'autres noms, on accepte de partir et ne pas donner de nouvelles à sa famille. Ce n'est pas trop de dire que c'est comme une histoire d'amour et qu'il faut savoir partir. On ne peut pas être clandestin toute sa vie, ce n'est pas possible, ou alors…

Hervé : Je pense que c'est comme les grands sportifs : à un moment donné, on sent que le corps ne suit pas et qu'on n'est plus au même niveau ou qu'on n'a plus envie de faire les efforts pour se maintenir à ce niveau-là.

JCN : *Pourriez-vous nous raconter dans quelles circonstances vous avez quitté le service ?*

Grégoire (très ému) : Mon équipe, qui a été bien formée, a clandestinement organisé ma fête de départ. Quelques semaines avant la date annoncée, je rentrais d'une réunion à la centrale, et j'arrive dans l'enceinte de cette annexe où était basé mon service. Là, je vois quelques-uns de mes personnels qui se sont déployés sur le terrain et qui me guident vers tout le reste de mon équipe dans une salle de restaurant qui a été transformée en salle de fête, à grand renfort de drapeaux bretons et de décorations marines, sur fond de musique traditionnelle. Là, commence une grande fête qui va durer toute la nuit et qui sera riche en émotions pour moi. C'est pour ça que j'ai encore du mal à en parler même des années plus tard…

JCN : *Ces années de collaboration ont créé des liens forts…*

Grégoire : Des liens très forts, qui durent toujours, et qui dureront éternellement.

Sandra : Les liens sont toujours là parce que c'est un métier tellement atypique, fort, que les liens de confiance, d'amitié sont vraiment sincères et réels au sein de l'équipe avec qui on a travaillé. On ne quitte jamais vraiment sa famille.

Hervé : On était vraiment, et je pense que c'est toujours le cas, dans une relation quasi familiale. Il est impossible d'engager quelqu'un dans une carrière comme celle-ci sans être capable de tisser un lien, de lui apporter peut-être ce qui va être un substitut de famille, car on passe plus de temps au sein du Service clandestin que dans sa propre famille.

JCN : Quand des clandestins se retrouvent, ils se racontent des histoires de clandestins ?

Grégoire : Ils parlent comme des clandestins. C'est-à-dire que, même quand on écoute, on ne comprend pas ce qu'ils disent…

Sandra : Le cloisonnement existe toujours, même après, même avec les membres de l'équipe, qu'ils soient d'anciens de l'unité clandestine ou qu'ils en soient sortis aujourd'hui… Mais les liens que l'on entretient après ne portent pas nécessairement sur l'activité professionnelle. C'est juste des liens d'amitié. Comme entre amis, on ne se raconte pas que nos journées de boulot. Voire au contraire, on cherche plutôt d'autres sujets de conversation et de moments de partage…

Patrick : Il ne faut pas rester ancré dans le passé, c'est très mauvais. Il ne faut pas ressasser les choses, vivre comme un ancien combattant, il n'y a rien de pire.

Fabrice : Il y a une double addiction. Il y a une addiction à l'adrénaline et une addiction à savoir un peu de ce qu'il se passe réellement dans les soubassements du monde. Et on perd à la fois cette adrénaline, car il n'y a pas grand-chose qui est aussi excitant que de passer une frontière en clandestin, et on perd le savoir. Et donc, on se retrouve un peu orphelin des deux. Un auteur l'a très bien écrit, John Le Carré – je le cite : « Celui qui n'a jamais vécu dans le monde du secret ne peut pas comprendre l'assujettissement qu'il entraîne. Et aucun de ceux qui ont dû y renoncer par choix ou par obligation ne peut se remettre tout à fait du manque ainsi créé. » Et c'est très vrai. Il y a toujours cette tentation de revenir dans ce monde secret et de le repartager avec ceux avec qui on l'a vécu. C'est pour ça qu'on se retrouve encore tous, les uns, les autres, de notre service dit clandestin. C'est un besoin véritablement viscéral. On a sacrifié un certain nombre de choses, certains leur mariage, certains une carrière lucrative. On y a sacrifié des médailles ou des petites glorioles, mais on a eu ce sentiment de faire quelque chose qui comptait et c'est peut-être tout ce qu'il restera de nous.

JCN : Mais ce n'est pas vous qui avez pris la décision d'arrêter ?

Fabrice : Non, ce n'est pas venu de moi, sinon j'y serais encore probablement ! Je n'étais pas du tout usé, en tout cas, j'en avais l'impression. L'adrénaline est un shot très addictif, ça permet de maintenir la machine en route. Et puis, comme j'avais à travailler sur beaucoup de zones différentes, beaucoup de thématiques différentes, il y avait un sentiment de renouveau assez fréquent. Après coup, je pense que je commençais tout de même à fatiguer. Mais c'est bien que ce soient nos propres chefs qui nous le disent, car c'est rarement le coureur qui a envie de s'arrêter…

Hervé : Ce qui est important, c'est de compenser un vice par un autre. Je pense qu'il est très compliqué pour certains de tout arrêter du jour au lendemain, et de partir à la retraite, ce qui n'est pas mon cas. Moi, j'ai l'image de ce film, *Capitaine Conan*, où, après une vie palpitante dans les tranchées, on le retrouve en petit vieux alcoolique dans une salle de bistro. Ça, c'est tout ce qu'on ne veut pas. On ne veut pas finir comme le capitaine Conan, donc on trouve d'autres dérivatifs et on passe sur d'autres défis.

Vincent : Après coup, on se rend compte qu'on était gâtés : vous avez besoin de photos satellites ? Vous avez des photos satellites. Vous avez besoin d'écoutes ? Il y a les écoutes. Vous avez besoin d'informations sur le terrain ? Vous avez les informations. Ça n'est pas le cas dans d'autres services. Et puis, c'est encore moins le cas dans le privé…

Victor : C'est quand même assez difficile de partir du service, surtout quand on y a passé une bonne partie de sa vie. Les gens sont très attachés et je pense que si finalement il y en a un certain nombre qui partent en mauvais termes, c'est peut-être parce que c'est moins déchirant. Ça donne une bonne raison…

Michel : Il est évident que celui qui est chef de poste à Bruxelles n'a pas eu les mêmes décharges d'adrénaline que ceux qui ont été à Beyrouth, Alger, Sanaa, Kaboul, Islamabad… Vous êtes tout pratiquement. Vous n'êtes pas Dieu le père, mais vous êtes hyperactif, vous avez un peu le syndrome de Superman, vous avez l'impression que vous allez sauver le monde. Mais du jour au lendemain vous n'êtes plus rien, vous vous levez, vous allez acheter votre journal… Oui, c'est très difficile, et il n'y a pas vraiment de sas de décompression. Je pense à des camarades qui ne s'en sont jamais remis psychologiquement, et [à] tous ceux qui ont vécu sur le terrain des histoires dramatiques… Pour certains, ça a marqué profondément leur vie privée. Les divorces, c'est une chose qui n'est pas rare.

Victor : Je n'ai pas fait de statistiques... Je ne pense pas qu'il y en ait plus dans le service [Action] qu'ailleurs...

Fabrice : Oui, [dans le Service clandestin, il y en a] un certain nombre... Plus que [dans] d'autres services. Il faut comprendre que c'est une petite unité, comme une grande famille. On ne peut pas évoquer ce qu'on fait dans notre famille, on ne peut pas trop l'évoquer non plus avec les autres services de la DGSE, donc on vit beaucoup entre nous.

Hervé : Sans doute un des services les plus exigeants pour la vie de famille et la vie maritale, c'est certain. Pas forcément à cause des absences d'ailleurs. Il y a un tel contraste entre ce que vous vivez en mission et ce que vous retrouvez en rentrant en France que tout peut vous paraître rapidement fade.

Grégoire : On touche là au cœur du sujet, qui est la relation entre le chef de service et l'OT. Une relation de totale confiance, sinon ce n'est pas la peine. La limite se situe au niveau de la vie privée de l'OT : je suis un chef de service, je ne suis ni un conseiller matrimonial ni un psychologue. Gérer la vie privée, c'est le problème de l'OT. Moi, ce qu'il m'intéresse de savoir, c'est si l'OT est bien dans sa tête ou s'il a des problèmes. Et s'il a des problèmes, ou si je détecte chez l'OT qu'il y en a avant de partir en mission, là, je vais discuter avec lui en tête à tête et lui demander ce qu'il se passe.

Fabrice : On a notre endroit spécifique, nos fêtes spécifiques, et assez logiquement les gens se rapprochent... Et si en plus les gens partagent à l'étranger un contexte de tension, finalement ils se sentent plus proches des gens avec qui ils travaillent que de leur propre famille. C'est cohérent qu'il y ait un certain nombre de couples qui se [soient] faits à l'intérieur de notre service dit clandestin et qui ont perduré depuis… Ce n'est pas encouragé, mais qu'est-ce que vous voulez, de toute façon, on était clandestins !

Grégoire : Je crois que la DGSE a le taux de divorce le plus élevé dans l'institution militaire. C'est le résultat malheureux du style de vie, du travail qu'on fait, qui est à la fois difficile à supporter pour l'OT, parce que ce n'est pas facile de partir quelques semaines ou quelques mois en mission en sachant qu'on n'aura plus de contacts avec ses proches, et c'est d'autant plus difficile à vivre pour les familles qui, au pire, peuvent ne même pas savoir dans quel pays part le mari, le père ou le frère. J'en ai subi l'expérience moi-même […]. À l'époque, j'avais l'habitude de dire que je travaillais trente-cinq heures par jour. J'avais des semaines très chargées, très peu de week-ends, jamais de vacances. Il est évident qu'au bout d'un moment, ça impacte la vie de famille, et on se retrouve chez soi comme un étranger. Ce que j'ai ressenti au bout d'un moment. J'étais complètement déconnecté de la famille, je ne comprenais même plus ce qui se disait à la maison pendant les repas. J'étais immergé dans mon monde […], je n'arrivais pas à décrocher, j'étais perpétuellement dans mon travail…

Michel : Il faudrait aussi parler de temps en temps de l'alcoolisme, de certaines dérives personnelles, parce que c'est un passage difficile à vivre. Je crois qu'aujourd'hui, les choses ont quand même évolué grâce à la montée en puissance des sociétés militaires privées, des sociétés d'intelligence économique qui permettent une transition de ce monde qu'est la DGSE, le vrai monde du renseignement, à un monde qui n'en est pas très loin. Ça permet de se préparer petit à petit à une véritable retraite.

Grégoire : On quitte le service avec un sentiment très partagé de tristesse et de soulagement. Car il faut considérer qu'on a été sous pression très forte, pendant cinq ans dans mon cas, on est fatigués physiquement et psychologiquement, nerveusement et on aspire simplement à souffler. Quand je suis parti, je suis passé voir un de mes anciens chefs et il a eu cette phrase : « Tu vas maintenant connaître l'angoisse des longues journées sans coup de téléphone. » Ce qui m'a laissé un peu perplexe. Et puis, je suis rentré chez moi, j'avais acheté une petite maison isolée où je vivais seul puisque j'avais divorcé, et je me suis isolé pendant six mois, j'ai vécu comme un ermite. Ça m'a été très salutaire, cette période de ma vie, car j'en suis ressorti reposé, frais et dispo dans ma tête, et prêt à recommencer de nouvelles aventures.

Vincent : On découvre un autre univers professionnel où il y a beaucoup moins de contraintes. On peut voyager sans demander l'autorisation…

François : On réapprend à vivre presque normalement…

Daniel : Il y a bien des petites habitudes qu'on garde…

François : Ce sont des réflexes innés qui sont à la fois le résultat de la formation reçue, de l'appréhension de la menace physique, et je serais tenté de dire qu'on ne s'en sépare pas. J'en veux pour preuve que, chaque fois qu'on se rencontre[1], je suis systématiquement face à la porte, et systématiquement, avant que [vous] n'arriviez, j'ai toujours repéré la porte de sortie ou la sortie de

1. François s'adresse à l'auteur.

secours qui nous permettrait de… au cas où… Je le fais machinalement, je n'y pense même pas, et ce n'est pas plus traumatisant que ça.

Patrick : C'est un nouveau challenge : changer de mode de vie, changer d'habitudes, partir en avion avec sa propre identité, voir des pays sous un angle beaucoup plus amical qu'autrefois… C'est une remise en question, et justement c'est ce qui m'a permis de faire le deuil.

Grégoire : On parle des sports extrêmes, il y a aussi des métiers extrêmes, celui-là en fait partie. On sait très bien qu'on prend des risques, déjà pour notre vie, ou pour notre liberté ou notre intégrité physique. On en prend aussi pour notre intégrité familiale, ça fait partie du package. Maintenant, dire que le jeu en valait la chandelle, je pense que ça regarde chacun, c'est une question très personnelle et on ne peut pas se dire de toute façon tant pis pour ma vie de famille et tant mieux pour la nation ou l'inverse. C'est beaucoup plus compliqué que ça.

JCN : *Pas de regrets* a posteriori *?*

Grégoire : Le mot « regret » ne fait pas partie de mon vocabulaire. On fait des choix et on assume les conséquences.

Patrick : Il faut savoir quitter la table. Il faut savoir qu'on n'est pas indispensables, que d'autres peuvent prendre la relève. Moi, je suis dans cet état d'esprit-là. Je pense que le service s'est nourri des centaines d'OT qui sont passés au fil des ans, chacun a apporté sa pierre à l'édifice, et il ne faut pas se dire que l'on peut être un recours. Je fais ma vie maintenant, je suis très heureux. Et je suis très fier de ce que j'ai fait au sein de ce service.

Secret de secrets

Il n'y a que des magiciens, dont j'envie le talent exceptionnel, pour parvenir à publier des enquêtes retentissantes sans jamais avoir rencontré les personnes censément concernées… Je m'en vais donc remercier très chaleureusement les treize témoins de ce livre. Je veux leur dire avec insistance que je suis très fier de leur confiance et que j'espère ne pas les avoir déçus. À la manière de ce que Patrick a exposé, un ami en effet n'est peut-être pas des plus objectifs pour porter un jugement. Or, la plupart des témoins en sont. Mais, sans cela, ces entretiens auraient-ils vu le jour… ?

Voilà plus de dix ans que je rencontre des membres des services de renseignement. Certains y sont encore, d'autres en sortent à peine, d'autres enfin ont connu les grandes époques, celles d'Alexandre de Marenches, de la décolonisation, et même de la Seconde Guerre. Je me souviens de cet homme qui terminait sa vie dans une maison de retraite à 50 kilomètres de Paris. À 90 ans, il portait encore beau, mais la tristesse étreignait toujours son visage quand il venait m'accueillir à l'entrée. Nous montions nous enfermer dans sa chambre et alors, le vieux monsieur redevenait en quelques secondes l'agent du BCRA qui, dans les années 1943-1944, avait mis le feu à l'Est de la France, détruisant moult écluses, centrales électriques, voies ferrées. Sans quasiment que j'aie à le questionner, il enchaînait immanquablement sur la formation des maquis indochinois, en territoire Vietminh. C'était sa vie. Et il était si heureux de pouvoir enfin en parler, lui qui n'en avait jamais rien dit à sa famille, lui qui était contraint de continuer à n'en rien dire puisque, à chaque repas, il n'était entouré que de « pétainistes », comme, lui, gaulliste impénitent, il aimait à dire. Eh bien, cet enthousiasme juvénile, cet amour du métier, ce sens du service de la nation, ce poids parfois écrasant du secret, je les retrouve exactement aujourd'hui chez Patrick aux incomparables états de service dans la clandestinité, chez François qui me semble n'avoir jamais quitté Massoud et chez tous leurs congénères qui ne sont pas effrayés à l'idée de rencontrer avec moi le représentant d'un monde qu'ils ont été formés à fuir. Certains sont heureux, d'autres aigris. Certains ont réussi une seconde carrière, d'autres se sont retirés loin des tumultes. Certains ont assuré leurs vieux jours, d'autres les vivront dans une maison de retraite à 50 kilomètres de Paris. Peut-être y aura-t-il alors, encore, un auteur pour leur rendre visite…

Réalisation : Nord Compo à Villeneuve-d'Ascq
Dépôt légal : juin 2017
ISBN : 979-10-210-0748-2
Numéro d'édition : 4004
Imprimé en Italie